Annie Besant: Der Mensch und seine Körper

Annie Besant

Der Mensch und seine Körper

EDITION ADYAR

Titel der englischen Originalausgabe:
Man and His Bodies
1. Auflage 2011

Voglherd 1 • D-85567 Grafing

Umschlaggestaltung: Annette Wagner

Druck: Bercker • Kevelaer

ISBN 978-3-89427-555-6

INHALT

EINLEITUNG

Es existieren so viele wirre Ansichten über das Bewusstsein und seine Körper, über den Menschen und die Hüllen, die er trägt, dass es ratsam erscheint, den geistig Suchenden eine klare Beschreibung der tatsächlichen Wirklichkeit zu geben, so weit sie uns bekannt ist. Wir haben in unseren Forschungen einen Punkt erreicht, auf dem vieles, was zuerst dunkel war, klar geworden ist. Vieles, was unbestimmt war, hat jetzt sichere Gestalt gewonnen, und vieles, was als Theorie angenommen wurde, ist jetzt sichere Erkenntnis. Es ist daher möglich, feste Tatsachen in eine bestimmte Ordnung zu bringen. Tatsachen, die immer wieder beobachtet werden können, wenn ein Forscher nach dem anderen seine Beobachtungskraft entwickelt, so dass er von diesen mit derselben Bestimmtheit sprechen kann, wie sie der Physiker empfindet, der über andere beobachtete und registrierte Erscheinungen berichtet.

Aber gerade so, wie der Physiker irren kann, kann es auch der Metaphysiker, und wenn die Kenntnisse sich erweitern, dann fällt ein neues Licht auf alle Tatsachen. Ihr

Zusammenhang wird besser erkannt, und sie erscheinen in neuer Beleuchtung; oft deshalb, weil das neue Licht erweist, dass die Tatsache keine ganze, sondern nur eine Teil-Wahrheit aufgedeckt hatte. Es wird für die hier dargelegten Ansichten keine Autorität in Anspruch genommen, sie werden nur von einem Studierenden anderen Studierenden dargeboten. Sie sind der Versuch, eine gewisse nur unvollkommen aufgefasste Lehre wiederzugeben, zusammen mit den Resultaten der Beobachtungen von Schülern, soweit ihre beschränkten Fähigkeiten ihnen solche zu erlangen gestatteten.

Gleich beim Beginn der Studien ist es nötig, dass der Leser hier im Westen den Standpunkt ändert, von dem aus er gewohnt ist, sich selbst zu betrachten, und klar unterscheidet zwischen dem Menschen und den Körpern, in welchen er wohnt. Wir sind zu sehr gewöhnt, uns mit den äußeren Gewändern, welche wir tragen, zu identifizieren, zu sehr geneigt, von uns so zu denken, als wären wir unsere Körper. Daher ist es nötig, wenn wir eine richtige Auffassung von unserem Gegenstand gewinnen wollen, dass wir diesen Standpunkt aufgeben und aufhören, uns mit Hüllen zu identifizieren, welche wir für eine gewisse Zeit umlegen und dann wieder abwerfen, um neue umzulegen, wenn wir solcher Bekleidung erneut bedürfen.

Uns mit diesen Körpern zu identifizieren, welche nur eine vorübergehende Existenz haben, ist in Wirklichkeit töricht und unvernünftig, wie es sein würde, uns mit unseren Kleidern zu identifizieren. Wir sind nicht von ihnen abhängig – ihr Wert steht nur im Verhältnis zu ihrem Nutzen.

Der Fehler, welcher so beharrlich gemacht wird, nämlich das Bewusstsein, welches unser Selbst ist, mit den Werkzeugen zu identifizieren, in denen es für den Augenblick funktioniert, kann nur durch die Tatsache entschuldigt werden, dass das wache Bewusstsein, und bis zu einem gewissen Grade auch das Traum-Bewusstsein, in einem Körper lebt und wirkt und dem gewöhnlichen Menschen nur mit diesem Körper verbunden bekannt ist. Dennoch kann man ein intellektuelles Verständnis von dem wirklichen Verhältnis gewinnen, und wir sollten uns dazu erziehen, unser Selbst als den Eigentümer unserer Körper zu betrachten. Nach einiger Zeit wird dies durch Erfahrung für uns eine feste Tatsache werden, wenn wir lernen, unser Selbst von seinen Körpern zu trennen, aus unserem Körper herauszutreten und zu erfahren, dass wir außerhalb in weit vollerem Bewusstsein existieren als innerhalb. Wir hängen in keinem Sinne von ihnen ab. Wenn dies einmal errungen wurde, ist selbstverständlich jede weitere Identifikation unseres Selbst mit unseren Körpern unmöglich, und wir können nie wieder in den Fehler verfallen, anzunehmen, dass wir sind, was wir tragen.

Zumindest das klare intellektuelle Verständnis ist für jeden zu erreichen, und wir sollten uns zur gewohnheitsmäßigen Unterscheidung zwischen dem Selbst – dem Menschen – und seinen Körpern erziehen. Indem wir das tun, befreien wir uns von der Täuschung, in welcher die Mehrheit der Menschen befangen ist, und ändern unsere ganze Stellung zum Leben und zur Welt. Wir erheben uns in eine klarere Region »über den Wechselfällen und Zufälligkeiten des sterblichen Lebens«. Wir stellen uns über die täglichen kleinlichen Schwierigkeiten, welche dem am Körper haftenden Bewusstsein so wichtig dünken. Wir erkennen das wahre Verhältnis zwischen dem ewig Wechselnden und dem verhältnismäßig Dauernden und fühlen den Unterschied zwischen dem Menschen, der wie ein Ertrinkender von den über ihn hinwegschlagenden Wellen hin und her geschleudert und gestoßen wird, und dem demjenigen, dessen Füße auf einem Felsen stehen, an dessem Grund die Wogen sich gefahrlos brechen.

Mit dem »Menschen« meine ich das lebende, bewusste, denkende Selbst, die Individualität; mit den »Körpern« die verschiedenen Hüllen, in welche dieses Selbst eingeschlossen ist, von welchen Hüllen eine jede das Selbst befähigt, in einer bestimmten Region des Alls zu funktionieren. Wie ein Mensch auf dem Land einen Wagen, auf dem Meer ein Schiff und in der Luft einen Ballon verwenden mag, um von einem Ort zum anderen zu gelangen, und er doch in allen Fällen derselbe bleibt, so bleibt das Selbst, der wirkliche Mensch, derselbe, einerlei in welchem Körper er sich betätigt. Wie Wagen, Schiff und Ballon nach Material und Anordnung verschieden sind, je nach dem

Element, in dem sich zu bewegen ihnen bestimmt ist, so ist auch jeder Körper verschieden, je nach der Umgebung, in welcher er sich betätigen soll. Der eine ist grober und dichter als der andere, der eine kurzlebiger als der andere, der eine hat weniger Fähigkeiten als der andere, aber alle haben eines gemeinsam: Sie sind im Verhältnis zum Menschen vorübergehend und vergänglich, sie sind seine Diener und Werkzeuge, die ihrer Natur entsprechend sich abnützen und erneuern sowie seinen wechselnden Bedürfnissen und seinen wachsenden Kräften angepasst werden.

Wir wollen sie einen nach dem anderen untersuchen, beginnen dabei mit dem untersten, und betrachten dann den Menschen, der in all diesen Körpern sich betätigt.

I. DER PHYSISCHE KÖRPER

Unter dem Ausdruck *physischer Körper* müssen die beiden niedrigsten Teile oder Prinzipien des Menschen, die in der alten Terminologie Sthula Sharîra und Linga Sharîra genannt wurden, zusammengefasst werden, da beide auf der physischen Ebene wirken, aus physischer Materie zusammengesetzt sind, für die Periode eines physischen Lebens geformt sind, beim Tode des Menschen abgeworfen werden und beide in der physischen Welt vergehen, wenn er in die astrale übergeht.

Ein anderer Grund, diese beiden Prinzipien als unseren *physischen Körper* oder unser *physisches Werkzeug* zu bezeichnen, ist der, dass, solange wir nicht aus der physischen Welt oder Ebene, wie wir sie zu nennen gewohnt sind, hinausgelangen können, wir die eine oder die andere oder beide physische Hüllen gebrauchen. Sie beide gehören wegen ihres Stoffes zur physischen Ebene und können nicht aus ihr hinaustreten. Das Bewusstsein, welches in ihnen arbeitet, ist an ihre physischen Grenzen gebunden und den gewöhnlichen Gesetzen von Raum und Zeit unterworfen. Obgleich teilweise trennbar, trennen sie sich doch nur selten während des irdischen Lebens, und eine solche Trennung ist auch nicht ratsam. Sie ist stets ein Zeichen eines ungesunden Zustandes oder einer unausgeglichenen Konstitution.

Sie unterscheiden sich durch den Stoff, aus welchem sie bestehen, in den dichten Körper und den ätherischen Doppelgänger. Letzterer ist das genaue Duplikat des sichtbaren Körpers, Teilchen für Teilchen. Er ist das Medium, durch das alle elektrischen und Lebensströme zirkulieren und von dem die Tätigkeit des Körpers abhängt.

Die physische Materie hat sieben voneinander unterscheidbare Unterabteilungen, von denen jede eine weite Mannigfaltigkeit von Kombinationen innerhalb ihrer Grenzen aufweist. Die Abteilungen sind: Die feste, die flüssige, die gasförmige und die ätherische, wobei die letztere vier verschiedene Zustände hat, die so bestimmt voneinander unterschieden sind, wie flüssig verschieden ist von fest oder gasförmig. Dies sind die sieben (Aggregat-) Zustände der physischen Materie, und jeder Teil solchen Stoffes ist fähig, in irgendeinen anderen Zustand überzugehen, obgleich er bei sogenannter normaler Temperatur und normalem Druck den einen oder den anderen als seinen verhältnismäßig dauernden Zustand einnimmt. So wie Gold gewöhnlich fest, Wasser gewöhnlich flüssig und Chlor gewöhnlich gasförmig ist.

Der physische Körper des Menschen ist zusammengesetzt aus Materie in diesen sieben Aggregat-Zuständen. Der grobe Körper aus festen, flüssigen und gasförmigen Bestandteilen und der ätherische Doppelgänger aus den vier Unterabteilungen des Äthers, bekannt als Äther IV, Äther III, Äther II und Äther I.

Stets, wenn die höheren theosophischen Wahrheiten den Menschen dargelegt werden, beklagen sich die Menschen, dass diese zu sehr in den höheren Regionen schweben, und sie fragen: »Wo sollen wir beginnen? Wenn wir selbst lernen und die Wahrheit der Lehren, welche uns gebracht werden, prüfen wollen, von wo gehen wir aus? Welches sind die ersten Schritte, die wir zu tun haben? Was ist denn nun das Alphabet dieser Sprache, in welcher die Theosophen sich so geläufig unterhalten? Was haben wir zu tun, wir Männer und Frauen, die in der Welt leben, um diese Dinge zu verstehen und deren Wahrheit selbst zu erfahren, anstatt sie auf Treu und Glauben von solchen hinzunehmen, die sagen, sie hätten das Wissen?«

Ich will versuchen, diese Fragen auf den folgenden Seiten zu beantworten, so dass diejenigen, die wirklichen Ernst besitzen, die ersten praktischen Schritte kennenlernen können, die sie zu machen haben – wobei stets vorausgesetzt ist, dass sie im Rahmen eines Lebens erfolgen, dessen moralische, intellektuelle und spirituelle Seite ebenfalls geschult wird.

Nichts, was ein Mensch für seinen physischen Körper allein tun kann, wird ihn zu einem Seher oder einem Heiligen machen, aber da der Körper ein Werkzeug ist, welches wir benutzen müssen, ist eine bestimmte Behandlung des Körpers nötig, um unsere Schritte auf den Pfad lenken zu können. Wenn wir uns nur mit dem Körper befassen, werden wir zwar nie die Höhen erreichen, nach welchen wir streben; aber wenn wir den Körper vernachlässigen, ist es unmöglich, die Stufenleiter zu diesen Höhen überhaupt zu betreten.

Die Körper, in welchen wir zu leben und zu wirken haben, sind die Werkzeuge des Menschen, und das Allererste, was wir einzusehen haben, ist, dass der Körper für uns existiert und nicht wir für ihn. Der Körper gehört uns, damit wir ihn gebrauchen – wir gehören nicht ihm, damit er uns gebraucht. Der Körper ist ein Werkzeug, welches verbessert werden muss, verfeinert, geschult und trainiert. Er muss in eine solche Gestalt umgeformt und in eine solche Zusammensetzung gebracht werden, dass er bestmöglich geeignet wird, um auf der physischen Ebene das Werkzeug für die höchsten Zwecke des Menschen zu werden.

Alles, was in dieser Richtung wirkt, ist zu ermutigen und zu pflegen, alles ist zu vermeiden, was dem entgegensteht. Es ist einerlei, welche Wünsche der Körper haben mag oder welche Gewohnheiten er sich in der Vergangenheit angeeignet hat. Der Körper gehört uns, er ist unser Diener, um verwendet zu werden, wie wir es wünschen. In dem

Augenblick, wo er die Zügel in seine Hand nimmt und beansprucht, den Menschen zu führen, anstatt von ihm geführt zu werden, in diesem Augenblick wird der ganze Zweck des Lebens verfehlt, und irgendeine Art des Fortschrittes ist vollständig unmöglich geworden. Dies ist der Punkt, von dem jeder, der es ernst nimmt, ausgehen muss.

Die Natur des physischen Körpers selbst ist von solcher Art, dass es leicht ist, ihn zu einem Diener oder Werkzeug zu machen. Er hat gewisse Eigentümlichkeiten, welche uns beim Trainieren helfen und es verhältnismäßig leicht machen, ihn zu führen und zu formen. Eine dieser Eigentümlichkeiten ist es, dass er, wenn er einmal daran gewöhnt worden ist, in einer gewissen Richtung tätig zu sein, sehr leicht aus eigenem Antrieb fortfährt, diese Richtung zu verfolgen, und er ist ebenso glücklich bei diesem Tun, wie er es vorher bei dem anderen war.

Wenn man eine schlechte Gewohnheit besitzt, wird der Körper der Abgewöhnung einen beträchtlichen Widerstand entgegensetzen. Aber wenn er gezwungen wird, sich zu ändern, wenn die Hindernisse überwunden sind, welche er in den Weg stellte, und wenn er gezwungen worden ist zu handeln, wie der Mensch es wünscht, dann wird binnen kurzem der Körper von selbst die neue Gewohnheit befolgen, welche der Mensch ihm aufgezwungen hat. Er wird dann ebenso zufrieden die neue Methode befolgen, wie er die alte befolgte, welche der Mensch sich veranlasst sah zu bekämpfen.

1. DER DICHTE KÖRPER

Wir müssen uns eingehender mit der Konstitution dieses Körpers beschäftigen, damit wir verstehen lernen, wie es gemacht werden muss, um auf ihn einzuwirken, ihn zu reinigen und zu schulen. Wir müssen eine Reihe seiner Tätigkeiten ins Auge fassen, die sich größtenteils dem Einfluss des Willens entziehen, und dann jene, die unter diesem Einfluss stehen.

Beide wirken mittels eines Nervensystems, aber durch Nervensysteme verschiedener Art. Das eine hält alle Tätigkeiten des Körpers in Gang, welche dessen gewöhnliches Leben aufrechterhalten, durch welche sich die Lungen zusammenziehen, durch welche das Herz pulsiert, durch welche die Bewegungen des Verdauungssystems veranlasst werden usw. Dies ist aus den unwillkürlichen Nerven zusammengesetzt und wird gewöhnlich das »sympathische System« genannt.

Einstmals, in längst vergangenen Perioden der physischen Entwicklung, während welcher unser physischer Körper sich herausbildete, war dieses System unter der Willensherrschaft des Tieres, dem es gehörte; aber allmählich fing es an, automatisch zu arbeiten. Es entzog sich der Kontrolle des Willens, errang gleichsam seine eigene Unabhängigkeit und erhielt so selbstständig die normalen Lebenstätigkeiten des Körpers aufrecht. Solange ein Mensch gesund ist, bemerkt er diese Tätigkeiten nicht. Er weiß, dass er atmet, wenn das Atmen unterdrückt oder gestört wird. Er weiß, dass sein Herz schlägt, wenn das Schlagen heftig und unregelmäßig wird. Aber wenn alles in Ordnung ist, gehen diese Prozesse unbemerkt vor sich.

Es ist jedoch möglich, das sympathische Nervensystem durch lange und mühsame Übung unter die Herrschaft des Willens zu bringen. Eine Klasse von Hatha-Yogis in Indien entwickelt diese Fähigkeit bis zu einem außerordentlichen Grad, und zwar zu dem Zweck, die niederen psychischen Fähigkeiten zur Entfaltung zu bringen. Es ist möglich, diese (ohne irgendwelche Rücksicht auf geistiges, moralisches oder intellektuelles Wachstum) durch direkte Einwirkung auf den physischen Körper zu entwickeln. Der Hatha-Yogi lernt, sein Atmen bis zu einem solchen Grad zu beherrschen, dass er es eine beträchtliche Zeit lang einstellen kann. Er lernt, das Schlagen des Herzens zu beeinflussen, die Blutzirkulation nach seinem Willen zu verlangsamen oder zu beschleunigen und durch diese Mittel den physischen Körper in Trance zu bringen und den Astralkörper freizusetzen. Es ist dies keine nachahmenswerte Methode, aber es ist lehrreich für westliche Nationen, die gewohnt sind, die Natur des Körpers für so zwingend zu halten, wenn sie erfahren, wie weitgehend ein Mensch diese für gewöhnlich automatischen körperlichen Funktionen unter seine Herrschaft bringen kann. Sie erhalten erstmals Kenntnis davon, dass Tausende von Menschen sich in eine lange und ganz besonders mühsame Zucht nehmen, um sich frei zu machen von dem Gefängnis des physischen Körpers und zu lernen, dass sie leben können, auch wenn die normale Lebenstätigkeit des Körpers eine Zeit lang aufgehoben ist. Sie haben wenigstens ernste Zwecke und sind nicht mehr Sklaven der Sinne.

Wir gehen jetzt zum willkürlichen Nervensystem über, das für unsere geistigen Ziele weit wichtiger ist. Dies ist das große System, welches das Werkzeug unserer Gedanken ist, durch welches wir uns auf der physischen Ebene bewegen und fühlen. Es besteht aus der zerebrospinalen Achse, dem Gehirn und dem Rückenmark, von wo aus nach jedem Teil des Körpers Fäden aus Nervensubstanz ausgehen, die sensorischen und motorischen Nerven – die Nerven, durch welche wir fühlen und die von der Körperoberfläche zur Rückenmark-Achse laufen, und die Nerven, durch welche wir uns bewegen, die von der Achse nach der Oberfläche gehen. Von jedem Teil des Körpers laufen die Nervenfäden aus, vereinigen sich zu Bündeln, um schließlich in den Rückenmarknervenstrang überzugehen. Dort bilden sie die äußere faserige Substanz und laufen aufwärts zum Gehirn, um sich dort zu verzweigen und auszubreiten. Das ist das Zentrum für alles Fühlen und für alle absichtlichen Bewegungen, welche unter der Herrschaft des Willens stehen.

Dies ist das System, durch welches der Mensch seinen Willen ausdrückt und sein Bewusstsein festmacht. Diese haben, so kann man sagen, im Gehirn ihren Sitz. Der Mensch kann auf der physischen Ebene nichts tun ohne Vermittlung des Gehirns und des Nervensystems. Wenn diese nicht in Ordnung sind, kann er sich nicht mehr in geordneter Weise ausdrücken.

Diese Tatsache ist es, auf welche der Materialismus seine Behauptung gründet, dass Gedanken und Gehirntätigkeit vollständig voneinander abhängig sind. Hält man sich nur an die physische Ebene, wie dies die Materialisten tun, so ist dies richtig; und es ist notwendig, Kräfte von einer anderen Ebene, der astralen, herbeizuziehen, um zu zeigen, dass Gedanken nicht das Resultat von Nervenbewegungen sind. Wenn das Gehirn durch Drogen, durch Krankheit oder durch äußere Eingriffe beeinträchtigt wird, kann das Denken des Menschen, dem das Gehirn gehört, nicht mehr seinen richtigen Ausdruck auf der physischen Ebene finden.

Der Materialist wird auch darauf hinweisen, dass bei bestimmten Krankheiten das Denken in ganz besonderer Weise beeinflusst wird. Es gibt ein seltenes Übel, die Aphasie, welche einen bestimmten Teil des Gewebes des Gehirns dicht beim Ohr zerstört. Dadurch schwindet das Gedächtnis, soweit es sich auf W o r t e bezieht, vollständig. Wenn Sie eine Person, welche an diesem Übel leidet, etwas fragen, so kann sie Ihnen nicht antworten. Wenn Sie

sie nach ihrem Namen fragen, so kann sie Ihnen keinen nennen. Aber wenn Sie ihren Namen aussprechen, wird sie zeigen, dass sie ihn kennt. Wenn Sie ihr eine Erklärung vorlesen, so wird sie ihre Zustimmung oder Ablehnung kundgeben; denn sie ist fähig zu denken, aber nicht zu sprechen. Es scheint, dass der Teil des Gehirns, welcher zerstört ist, mit der physischen Erinnerung an Worte verbunden ist, so dass mit diesem Verlust der Mensch auf der physischen Ebene das Gedächtnis in Beziehung auf Worte verliert und stumm geworden ist, während er die Fähigkeit zu denken behalten hat und einer Behauptung zustimmen oder sie ablehnen kann. Das materialistische Argument bricht aber sofort zusammen, wenn der Mensch von seinem unvollkommenen Werkzeug befreit wird. Dann ist er fähig, seine Kräfte kundzugeben, obgleich er wieder verkrüppelt ist, wenn er auf den physischen Ausdruck beschränkt wird.

Die Wichtigkeit des Geschilderten in Bezug auf unsere gegenwärtige Untersuchung liegt nicht in der Richtigkeit oder Unrichtigkeit der materialistischen Position, sondern in der Tatsache, dass der Mensch in seiner Betätigung auf der physischen Ebene durch die Fähigkeiten seines physischen Werkzeugs begrenzt ist und das Werkzeug empfänglich ist für physische Einwirkungen. Wenn diese dasselbe verschlechtern können, vermögen sie es auch zu verbessern. Eine Betrachtung, welche, wie wir sehen werden, für uns von lebenswichtiger Bedeutung ist.

Diese Nervensysteme sind, wie jeder andere Teil des Körpers, aus Zellen aufgebaut, kleinen abgegrenzten Körperchen, die aus einem Inhalt und einer diesen umgebenden Wandung bestehen. Unter dem Mikroskop sind sie sichtbar, und zwar zeigen sie sich verschieden gestaltet, je nach ihren verschiedenen Zwecken. Diese Zellen sind aus kleinen Molekülen zusammengesetzt und diese wiederum aus Atomen, den Atomen des Chemikers, die für diesen die letzten unteilbaren Teilchen der chemischen Elemente bilden. Diese chemischen Atome verbinden sich in unzähligen Kombinationen, um die Gase, die Flüssigkeiten und die festen Bestandteile des dichten Körpers zu bilden. Jedes chemische Atom ist für den Theosophen ein lebendes Ding, das fähig ist, ein unabhängiges Leben zu führen, und jede Kombination solcher Atome zu einem zusammengesetzten Gebilde ist wieder ein lebendes Wesen. Auch jede Zelle hat ein eigenes Leben, und alle diese chemischen Atome, Moleküle und Zellen sind zu dem Zweck zu einem organischen Ganzen, einem Körper, verbunden, um als Träger für eine höhere Art des Bewusstseins zu dienen als irgendeines, das sie in ihren getrennten Leben kennen.

Die Teilchen, aus welchen dieser Körper zusammengesetzt ist, sind fortwährend im Kommen und Gehen begriffen. Diese Teilchen sind Anhäufungen von chemischen Atomen, die zu winzig sind, um mit dem bloßen Auge gesehen werden zu können, obgleich viele von ihnen unter dem Mikroskop sichtbar sind. Wenn wir etwas Blut unter das Mikroskop bringen, sehen wir darin eine Anzahl lebender Körper sich bewegen, die weißen und roten Blutkörperchen. Die weißen sind in Struktur und Tätigkeit sehr ähnlich den gewöhnlichen Amöben. Im Zusammenhang mit manchen Krankheiten findet man auch verschiedene Arten Mikroben, und die Männer der Wissenschaft erzählen uns, dass wir in unserem Körper freundliche und unfreundliche Mikroben haben; einige, welche uns schaden, und andere, welche sich auf giftige Eindringlinge und ausgenutzte Materie stürzen und sie verschlingen. Manche Mikroben kommen von außen zu uns und zerstören unseren Körper durch Krankheit, während andere seiner Gesundheit förderlich sind. So wechselt unsere Hülle fortwährend ihre Bestandteile, welche kommen, eine Zeit lang bleiben und wieder fortgehen, um Teile von anderen Körpern zu bilden – ein fortwährendes Wechselspiel.

Die große Mehrzahl der Menschheit weiß wenig hiervon und kümmert sich noch weniger um diese Tatsachen, und doch hängt von diesen Dingen die Möglichkeit der Reinigung des dichten Körpers ab und damit die Verbesserung dieses Werkzeugs für den in ihm wirkenden Menschen. Gewöhnlich lässt jeder seinen Körper sich selber irgendwie aus dem Material aufbauen, das ihm geliefert wird, ohne Rücksicht auf dessen Natur, und sorgt nur dafür, dass es schmackhaft sei und seinen Neigungen entspreche, und nicht dafür, ob es geeignet oder ungeeignet ist, um eine reine und edle Wohnung für das Selbst, für den wahren Menschen, der ewig lebt, herzustellen. Er übt auch keine Überwachung aus über diese Teilchen, die kommen und gehen, er wählt keine aus, weist keine zurück, sondern lässt alles beim Bau zu, was sich meldet, gleich einem sorglosen Maurer, welcher Kehricht mit als Baumaterial benutzt, etwa sich herumtreibende Wolle oder Haare, Schnitzel, Abfälle und Schmutz aller Art. Der Durchschnittsmensch ist hinsichtlich seiner Körper ein wahrer „Bruchbuden-Maurer".

Die Reinigung des dichten Körpers wird also in der sorgfältigen Auswahl derjenigen Partikel bestehen, welchen es gestattet sein soll, den Körper zusammenzusetzen. Der Mensch wird als Nahrung die reinsten Bestandteile in sich aufnehmen, die er erhalten kann, und die unreinen und groben wird er zurückweisen. Er weiß, dass durch den natürlichen Stoffwechsel die Partikel, die er in den Tagen des sorglosen Lebens in den Körper hineingebaut hat, allmählich heraustreten werden, längstens in sieben Jahren – obgleich der Prozess beträchtlich beschleunigt werden kann –, und er beschließt, nichts Unreines mehr zum Bau zu verwenden. In dem Maß, in dem der Mensch die reinen Bestandteile vermehrt, schafft er in seinem Körper eine Armee von Verteidigern, die jedes unreine Teilchen zerstört, das von außen kommen und ohne seine Zustimmung eintreten könnte. Er bewacht ihn ferner durch einen aktiven Willen, damit er rein bleibt. Dieser Wille treibt durch magnetische Wirkung fortwährend alle unreinen

Geschöpfe, die gern in den Körper hineinmöchten, aus seiner Nähe fort und schützt ihn so vor den Einfällen, denen er sonst ausgesetzt sein würde, während er in einer Atmosphäre lebt, welche mit Unreinheit jeder Art durchsetzt ist.

Wenn ein Mensch so beschließt, seinen Körper zu reinigen und ihn zu einem Werkzeug zu machen, mit welchem das Selbst erfolgreich arbeiten kann, dann tut er den ersten Schritt in der Übung des Yoga; einen Schritt, welcher in diesem oder einem späteren Leben getan werden muss, bevor er ernstlich die Fragen stellen kann: »Wie kann ich lernen, durch eigenes Sehen mich von den Wahrheiten der Theosophie zu überzeugen?« Die Möglichkeit der Erlangung einer persönlichen Überzeugung von geistigen Tatsachen hängt ab von der vollständigen Unterwerfung des physischen Körpers unter den Willen des Eigentümers, des Menschen, denn er selbst muss diese Nachprüfung vornehmen. Er kann diese aber nicht ausführen, solange er fest an das Gefängnis seines Körpers gebunden oder solange dieser Körper unrein ist. Sollte er selbst aus einem früheren, besser disziplinierten Leben teilweise entwickelte psychische Fähigkeiten mit herübergebracht haben, welche sich trotz gegenwärtig ungünstiger Umstände bemerkbar machen, so wird der Gebrauch derselben, während er sich im physischen Körper befindet, behindert, wenn dieser Körper unrein ist, denn er wird die Betätigung dieser Fähigkeiten schwächen und stören und die durch sie erlangten Berichte vertrauensunwürdig machen.

Nehmen wir nun an, ein Mensch beschließt ernstlich, sich einen reinen Körper zu schaffen, und er macht sich entweder die Tatsache zunutze, dass sein Körper sich vollständig in sieben Jahren umsetzt, oder er wählt den kürzeren, aber auch mühevolleren Weg, sich schneller zu verändern. In jedem Falle wird er sofort damit beginnen, die Materialien auszuwählen, aus welchen der Körper aufgebaut werden soll, und die Frage nach der Diät stellt sich ein. Er wird damit anfangen, aus seiner Nahrung alles auszuscheiden, was in seinen Körper unreine und schädliche Partikelchen hineinbauen würde. Er wird alle Formen von Alkohol ablehnen, denn dieser bringt in den physischen Körper Mikroben der unreinsten Art hinein, Produkte der Zersetzung. Diese sind nicht nur ekelhaft an und für sich, sondern sie ziehen zu sich und deshalb auch zu jedem Körper, von dem sie einen Teil bilden, einige der widerwärtigsten der physisch unsichtbaren Bewohner der nächsten Ebene heran. Trinker, welche ihren physischen Körper verloren haben und daher ihre Begierde nach Berauschungsmitteln nicht mehr befriedigen können, umlagern solche Plätze, wo derartige Getränke zu haben sind, und die Menschen, die sie zu sich nehmen. Sie versuchen, sich in die Körper dieser Trinkenden zu versetzen, um so an der niedrigen Lust teilzunehmen, welcher diese sich dort hingeben. Frauen von feinerem Gefühl würden von ihrem Weintrinken zurückschrecken, wenn sie die widerlichen Kreaturen sehen könnten, welche an ihrem Vergnügen teilzunehmen suchen, und wenn sie die enge Verbindung bemerken könnten, in welche sie so mit Wesen der widerlichsten Art geraten.

Üble Elementale umgeben ebenfalls die Trinkenden, nämlich die in Elementalessenz gekleideten Gedanken solcher Alkoholiker, während der physische Körper aus der umgebenden Atmosphäre andere grobe Partikel anzieht, die von trunkenen und heruntergekommenen Körpern ausgehen. Auch diese werden hineingebaut und vergröbern und degradieren den Körper. Wenn wir auf Menschen blicken, die fortwährend mit Alkohol zu tun haben, die Spirituosen, Wein, Bier und andere Sorten unreiner Getränke herstellen oder vertreiben, dann können wir physisch sehen, wie ihre Körper gröber und roher geworden sind. Brauer, Gastwirte – um nichts von solchen Personen in allen Schichten der Gesellschaft zu sagen, welche übermäßig trinken – zeigen in vollem Maß, was jeder teilweise und allmählich bewirkt, der derartige Partikel seinem Körper einbaut. Je mehr davon er einbaut, desto roher wird sein Körper.

So ist es auch mit anderen Gegenständen der Diät: Fleisch von Säugetieren, Vögeln, Reptilien und Fischen, ebenso das von den Krustentieren und Mollusken, die sich von Aas und Unflat ernähren – wie sollten aus solchem Material aufgebaute Körper verfeinert, sensitiv und zart, harmonisch und doch vollkommen gesund sein, gleich der Stärke und Feinheit gehärteten Stahls, so wie sie der Mensch für alle höheren Arten der Arbeit braucht?

Ist es nötig, noch einmal die praktische Lehre hinzuzufügen, welche wir aus dem Anblick der Körper jener ziehen können, welche in einer solchen Umgebung leben? Man sehe sich Metzger und Schlächter an und urteile selbst, ob ihre Körper danach aussehen, die geeignetsten Werkzeuge zur Beschäftigung mit hohen Gedanken und erhabenen geistigen Problemen abzugeben. Dennoch sind diese nur die höchstvollendetsten Produkte der Kräfte, welche verhältnismäßig auch in all den Körpern anderer Menschen wirken, welche sich von den unreinen Nahrungsmitteln ernähren, die sie liefern. Es ist richtig: Keine noch so große Aufmerksamkeit, welche der Mensch dem physischen Körper widmet, kann allein ihm geistiges Leben geben, aber weshalb sollte er sich an einen unreinen Körper fesseln? Weshalb sollte er gestatten, dass seine Kräfte, seien sie nun groß oder klein, eingeengt, geschwächt oder gar gelähmt werden in dem Versuch, sich durch das unnötigerweise unvollkommene Werkzeug zu betätigen?

Es ist auf unserem Wege jedoch noch eine Schwierigkeit vorhanden, welche wir nicht übersehen dürfen. Wir mögen uns mit dem Körper noch so viel Mühe geben und uns fest entschlossen weigern, ihn zu verunreinigen, aber wir leben unter Menschen, welche sorglos sind und welche meistens nichts von diesen Tatsachen der Natur wissen. Gehen wir durch bestimmte Viertel und Geschäftsstraßen, wo sich an jeder Ecke Kneipen befinden, so können wir kaum je dem Dunst der Spirituosen entgehen, da die Ausdünstungen der einen Gaststätte bis zur anderen reichen: Selbst die angeblich besseren Viertel werden damit vergiftet. Ebenso müssen wir auch an Schlachthäusern und Schlachterläden vorübergehen.

Aber wie der normale, gesunde Körper keinen Boden bietet, in welchem Krankheitsmikroben keimen können, so bietet der reine Körper keinen Boden, in dem unreine Partikel zu wachsen vermögen. Außerdem sind, wie wir gesehen haben, Armeen von Lebewesen da, welche fortwährend an der Arbeit sind, um unser Blut rein zu halten. Diese Regimenter treuer Leibgarden stürzen sich auf jedes giftige Teilchen, welches in die Burg eines reinen Körpers gelangt, und zerstören und vernichten dasselbe. Es ist an uns zu wählen, ob wir in unserem Blut diese Lebensverteidiger haben wollen oder ob wir vorziehen, es mit Piraten zu bevölkern, welche das Gut plündern und verderben. Je entschlossener wir allem Unreinen den Einlass zu unserem Körper verweigern, desto mehr werden wir gegen Angriffe von außen gewappnet sein.

Es wurde schon auf den Automatismus im Körper Bezug genommen, auf die Tatsache, dass er ein Gewohnheitsgeschöpf ist, und ich sagte, dass man von dieser Eigentümlichkeit Nutzen ziehen könne. Wenn der Theosoph zu dem Suchenden, welcher gern Yoga üben und Eintritt zu den höheren Daseinsebenen gewinnen möchte, sagt: »Du musst sofort damit beginnen, den Körper zu reinigen, ehe du den Versuch machen kannst, irgendeinen Yoga zu üben, der des Namens wert ist, denn wirklicher Yoga ist so gefährlich für einen unreinen und ungeübten Körper wie ein Streichholz für ein Pulverfass!«, dann wird der Suchende ihm wahrscheinlich entgegnen, dass seine Gesundheit leiden würde, wenn er einen solchen Weg einschlüge.

Es ist eine einfache Tatsache, dass es dem Körper auf die Dauer ziemlich gleichgültig ist, was man ihm gibt, vorausgesetzt man bietet ihm etwas, was ihn gesunderhält. Er wird sich in kurzer Zeit jeder Form reiner und nahrhafter Kost anpassen, für welche man sich entscheidet. Gerade weil der Körper ein automatisches Geschöpf ist, wird er bald aufhören, nach Dingen zu verlangen, welche ihm stetig vorenthalten werden, und wenn man seine Wünsche nach roherer und üppigerer Nahrung unbeachtet lässt, wird er sich bald angewöhnen, Abneigung dagegen zu empfinden. Gerade wie ein auch nur halbwegs natürlicher Gaumen mit einem Gefühl der Abscheu vor der Ausstrahlung des Wildbrets zurückschaudert, so wird ein reiner Geschmack sich gegen alle unreinen Nahrungsmittel empören. Gesetzt den Fall, jemand habe seinen Körper dauernd mit verschiedenen Arten unreiner Dinge genährt, dann wird dieser gebieterisch danach verlangen, und er wird geneigt sein, dem nachzugeben. Aber wenn er keine Rücksicht darauf nimmt und seinen eigenen Weg geht und nicht den des Körpers, so wird er finden, und zwar vielleicht zu seiner Überraschung, dass sein Körper bald seinen Herrn anerkennt und sich seinen Befehlen fügt. Er wird bald anfangen, die Dinge zu bevorzugen, welche sein Herr ihm gibt, und eine Neigung für reine Speisen und Abscheu vor unreinen entwickeln. Abgewöhnung kann als Hilfe wie auch als Hindernis dienen, und der Körper fügt sich, wenn er merkt, inwiefern der Mensch der Herr ist und nicht dulden wird, dass das Ziel seines Lebens von dem Werkzeug durchkreuzt wird, welches er besitzt, um es zu benutzen.

In Wirklichkeit ist nicht der Körper der Schuldige, sondern *Kama*, die Wunschnatur. Der erwachsene Körper hat sich angewöhnt, bestimmte Dinge zu verlangen. Wenn man aber ein Kind beobachtet, wird man finden, dass der Körper des Kindes nicht aus sich heraus nach den Dingen Verlangen trägt, welche erwachsene Körper mit rohem Vergnügen schmausen. Der kindliche Körper schreckt vor Fleisch und Wein zurück, es sei denn, er sei durch eine besonders schlimme physische Erbschaft belastet. Aber seine Eltern zwingen ihn zum Fleischessen, und Vater und Mutter geben ihm einen kleinen Schluck Wein aus ihren Gläsern beim Essen und sagen ihm: »Nun bist du ein kleiner Mann!«, bis das Kind durch seinen Nachahmungstrieb und durch die Verlockung durch andere auf schlechte Wege gerät. Dann wird der Geschmack natürlich unrein, und vielleicht erwachen alte Begierden, welche sonst wohl abgestorben wären, und im Körper wird allmählich die Gewohnheit entstehen, die Dinge zu verlangen, mit welchen er genährt worden ist.

Aber trotz der früheren Angewohnheit nehme man den

Wechsel vor, und wenn man Partikelchen los wird, welche nach dem Unreinen verlangen, wird man fühlen, wie der Körper seine Gewohnheiten ändert und selbst gegen den Geruch derselben Dinge sich empört, welche ihn früher zu erfreuen pflegten.

Die wirkliche Schwierigkeit auf dem Wege der Umgestaltung liegt im Verlangen, nicht im Körper. Dir scheint es kein Bedürfnis, sie vorzunehmen; doch wenn du es hättest, würdest du es natürlich tun. Du sagst zu dir selbst: »Vielleicht macht es mir nicht so viel aus. Ich habe keine psychischen Fähigkeiten, ich bin nicht entwickelt genug, da macht es keinen Unterschied.« Du wirst dich aber nie entwickeln, wenn du dich nicht bemühst, nach dem höchsten Maßstab zu leben, den du erreichen kannst, sondern der Begierdennatur erlaubst, dein Fortschreiten zu durchkreuzen. Du sagst: »Wie gern möchte ich Blicke ins Astrale werfen, mich im astralen Körper fortbewegen können!« Aber wenn es darauf ankommt, ziehst du eine gute Mahlzeit vor. Wenn der Preis für das Aufgeben der unreinen Nahrung am Ende eines Jahres eine Million Pfund wäre, wie rasch würden die Schwierigkeiten schwinden und Wege gefunden werden, um den Körper ohne Fleisch und Wein am Leben zu erhalten! Aber wenn nur die unschätzbaren Güter des höheren Lebens in Aussicht stehen, sind die Schwierigkeiten unübersteigbar!

Wenn die Menschen wirklich das wünschen würden, was sie zu wünschen vorgeben, würden wir häufiger rasche Wandlungen um uns erblicken, als wir es jetzt tun. Aber die Menschen heucheln. Sie heucheln so wirksam, dass sie sich selbst mit dem Gedanken betrügen, dass sie es ernst meinen. Sie kommen wieder, Leben nach Leben, und leben in derselben Weise Tausende von Jahren, ohne Fortschritte zu machen. Dann wundern sie sich in einem speziellen Leben, weshalb sie nicht weiterkommen und weshalb irgendein anderer in diesem Leben so rasch voranschreitet und sie nicht. Der Mensch, der es ernst meint, nicht unregelmäßig, sondern mit stetiger Ausdauer, kann jeden Fortschritt machen, den er will; während der Mensch, der nur so tut, noch manches zukünftige Leben in seiner Tretmühle herumlaufen wird.

In dieser Reinigung des Körpers liegt vorrangig die Vorbereitung für alle Yoga-Praxis; sicherlich nicht die ganze Vorbereitung, aber ein wesentlicher Teil. So viel mag einstweilen über den dichten Körper, den niedrigsten Träger des Bewusstseins, genügen.

2. DER ÄTHERISCHE DOPPELGÄNGER

Die moderne Wissenschaft glaubt, dass alle körperlichen Veränderungen, ob in Muskeln, Zellen oder Nerven, von elektrischen Vorgängen begleitet werden. Wahrscheinlich ist dies auch bei den chemischen Veränderungen, welche fortwährend vor sich gehen, der Fall. Umfangreiche Beweise hierfür hat man durch sorgfältige Beobachtungen mit den feinsten Instrumenten gesammelt.

Wo immer elektrische Kraftäußerungen vorkommen, muss Äther zugegen sein, so dass das Auftreten solcher Ströme ein Beweis ist für die Gegenwart von Äther, welcher alles durchdringt und alles umgibt. Kein Partikelchen physischer Materie ist in Berührung mit irgendeinem anderen Partikelchen, sondern jedes schwingt in einem Ätherfeld. Die westliche Wissenschaft nimmt als eine notwendige Hypothese an, was der geschulte Forscher der östlichen Weisheit als überprüfbare Beobachtung bestätigt; denn tatsächlich ist Äther sichtbar wie ein Stuhl oder Tisch, nur ist eine andere Sehweise als die physische nötig, um ihn zu erblicken.

Wie schon bemerkt, existiert der Äther in vier Modifikationen, deren feinste aus den physischen Grundatomen besteht – nicht den sogenannten chemischen Atomen, welche in Wirklichkeit zusammengesetzte Körper sind – sondern den Grundatomen, die bei weiterer Spaltung Astralmaterie ergeben.

Der ätherische Doppelgänger ist aus diesen vier Ätherarten zusammengesetzt, welche die festen, flüssigen und gasförmigen Bestandteile des dichten Körpers durchdringen, wobei sie jedes Teilchen mit einer ätherischen Hülle umgeben und so ein vollkommenes Duplikat der dichten Form darstellen. Dieser ätherische Doppelgänger ist dem geschulten Auge vollkommen sichtbar. Er ist von violettgrauer Farbe und grob oder fein in seiner Struktur, so wie auch der dichte Körper grob oder fein ist.

Die vier Ätherarten setzen ihn zusammen, wie feste, flüssige und gasförmige Stoffe den dichten Körper zusammensetzen, aber sie können eine gröbere oder feinere Kombination bilden, geradeso wie es die dichteren Bestandteile vermögen. Es ist wichtig, sich zu merken, dass der dichte Körper und sein ätherisches Doppelbild sich in ihrer Qualität gleichzeitig ändern, so dass, wenn der Strebende mit Vorbedacht und bewusst seinen dichteren Körper verfeinert, der ätherische Doppelkörper ihm, ohne dass er es wahrnimmt und ohne zusätzliche Anstrengung, darin folgt.

Mittels des ätherischen Doppelkörpers läuft die Lebenskraft (Prana) entlang der Nerven des Körpers und befähigt sie, sich als die Boten der motorischen Kraft und der Empfindung äußerer Eindrücke zu betätigen. Die Kräfte des Denkens, der Bewegung und des Fühlens wohnen nicht in der physischen oder ätherischen Nervensubstanz. Sie sind Tätigkeiten des Egos, welche in dessen inneren Körpern vor sich gehen. Ihr Ausdruck auf der physischen Ebene wird durch den Lebensatem ermöglicht, der entlang der Nervenfäden und um die Nervenzellen läuft; denn Prana, der Lebensatem, ist die aktive Energie des Selbst, wie Srî Shankaracharya gelehrt hat. Die Aufgabe des ätherischen Doppelkörpers ist es, dieser Energie als physisches Medium zu dienen. Daher wird in unserer Literatur oft von ihm als dem »Träger des Prana« gesprochen.

Es mag noch nützlich sein zu wissen, dass der ätherische Doppelgänger besonders empfänglich für die flüchtigen Bestandteile des Alkohols ist.

3. MIT DEM PHYSISCHEN KÖRPER ZUSAMMENHÄNGENDE ERSCHEINUNGEN

Wenn jemand »einschläft«, schlüpft das Ego aus dem physischen Körper heraus und überlässt ihn dem Schlummer, damit er dadurch die Kraft für die Arbeit des nächsten Tages wiedergewinnt. Der dichte Körper und sein ätherisches Doppelbild sind so ihrer eigenen Leitung und dem Spiel derjenigen Einflüsse überlassen, die sie infolge ihrer Veranlagung und ihrer Gewohnheiten anziehen. Ströme von Gedankenformen, die das Ego im täglichen Leben hervorbringt oder in sich einlässt, ziehen im dichten und ätherischen Gehirn ein und aus und mischen sich mit den automatischen Wiederholungen der Schwingungen, welche das Ego im Wachzustand erzeugte. Sie bringen so die unterbrochenen und wirren Träume hervor, die den meisten Menschen bekannt sind.

Diese verzerrten Bilder sind lehrreich, da sie das Wirken des physischen Körpers zeigen, wenn er sich allein überlassen ist. Er kann nur abgerissene Teile früherer Schwingungen ohne vernünftige Ordnung und Zusammenhang wiederholen. Er fügt sie zusammen, wie sie ihm erscheinen. Auch wenn sie noch so schlecht zueinander passen, er ist empfindungslos gegen Unsinn und Unvernunft, zufrieden mit seiner Zauberwelt voll kaleidoskopartiger Formen und Farben, der selbst die Regelmäßigkeit der Spiegelung am Kaleidoskop fehlt.

In dieser Weise betrachtet, lernt man das dichte und ätherische Gehirn bald als Werkzeuge für das Denken, nicht als deren Schöpfer kennen, denn wir sehen, was für Irrlichter ihre Geschöpfe sind, wenn diese Gehirne sich selbst überlassen bleiben.

Im Schlaf zieht sich das denkende Ego aus diesen beiden Körpern heraus, oder besser aus diesem einen Körper mit seinem sichtbaren und seinem unsichtbaren Teil, welche beieinander bleiben. Im Tod schlüpft es zum letzten Mal heraus, aber mit dem Unterschied, dass es den ätherischen Doppelgänger mit herauszieht. Dieser wird dadurch von seinem dichten Gegenstück getrennt, und ein weiteres Wirken des Lebensatems im letzteren, als einem organischen Ganzen, wird dadurch unmöglich. Das Ego schüttelt das ätherische Doppelbild bald ab, das ja, wie wir gesehen haben, nicht mit in die astrale Ebene gelangen kann, und lässt es zurück, worauf es sich zugleich mit seinem lebenslänglichen Partner zersetzt und auflöst. Es erscheint manchmal unmittelbar nach dem Tod Freunden in der

Nähe des Leichnams, aber es zeigt natürlich wenig Bewusstsein, spricht auch nicht oder vollbringt irgendetwas anderes, als eben zu »erscheinen«.

Diese Erscheinung ist, da sie physisch ist, verhältnismäßig leicht zu sehen. Eine kleine Anspannung des Nervensystems macht die Sehkraft scharf genug, um sie zu erkennen. Sie gibt auch die Veranlassung zu manchen »Kirchhof-Gespenstern«, da sie über dem Grab schwebt, in welchem ihr physisches Gegenstück ruht, und ist aus den angegebenen Gründen leichter sichtbar als der Astralkörper. So sind die beiden selbst im Tod räumlich nicht weiter getrennt als wenige Meter.

Beim normalen Menschen vollzieht sich diese Trennung nur beim Tod, aber bei einigen abnormen, den sogenannten mediumistischen Personen, kann eine teilweise Spaltung des physischen Körpers bei Lebzeiten eintreten. Übrigens eine gefährliche und glücklicherweise verhältnismäßig seltene Abnormität, welche zu vielen nervösen Spannungen und Störungen Veranlassung gibt. Wenn der ätherische Doppelgänger heraustritt, trennt sich dieser selbst in zwei Teile. Er kann sich nicht ganz vom groben Körper trennen, da sonst der Tod einträte, denn für den Kreislauf der Lebensströme ist seine Gegenwart nötig. Selbst seine teilweise Zurückziehung versetzt den dichten Körper in einen Zustand der Lethargie, und die Lebenstätigkeit ist beinahe aufgehoben. Außerordentliche Erschöpfung folgt der Wiedervereinigung der getrennten Teile, und das Medium befindet sich, bis die normale Vereinigung wieder eingetreten ist, in einer beträchtlichen physischen Gefahr.

Die Mehrzahl der Phänomene, welche in Gegenwart von Medien vorkommen, ist nicht mit dem Austritt des ätherischen Doppelgängers verbunden, aber einige Medien, die wegen des auffallenden Charakters der Materialisationen, zu deren Zustandekommen sie beitrugen, bekannt sind, bieten Gelegenheit, diese Eigentümlichkeit zu beobachten. Ich habe mir sagen lassen, dass William Eglinton diese merkwürdige physische Spaltung bis zu einem seltenen Grad zeigte und man seinen ätherischen Doppelgänger aus seiner linke Seite habe heraustreten sehen können, während sein fester Körper ersichtlich zusammenschrumpfte. Dasselbe wurde bei Herrn Husk beobachtet, dessen dichter Körper sich so zusammenzog, dass er seine Kleidung nicht mehr ausfüllte. Eglintons Körper war einmal in der Größe so eingegangen, dass eine materialisierte Gestalt ihn heraustrug und ihn den Teilnehmern an der Sitzung zeigte; einer der wenigen Fälle, in welchen beide, das Medium und die materialisierte Form, gleichzeitig sichtbar waren, und zwar in einem genügenden Licht, um eine Untersuchung zu gestatten.

Dieses Zusammenschrumpfen des Mediums scheint auf eine Entnahme eines Teiles der dichteren, »wägbaren« Materie des Körpers hinzuweisen, wahrscheinlich von den flüssigen Bestandteilen. Aber so viel ich weiß sind über diesen Punkt keine Untersuchungen gemacht worden, und es ist daher unmöglich, darüber mit Bestimmtheit etwas zu sagen. Eines aber ist sicher, dass nämlich dieser teilweise Austritt des ätherischen Doppelgängers viele nervöse Übel zur Folge hat und ein vernünftiger Mensch ihn daher nicht praktizieren sollte, wenn er bemerkt, unglücklicherweise dazu veranlagt zu sein.

Wir haben nun den physischen Körper in seinen dichten wie in seinen ätherischen Teilen untersucht. Er ist die Kleidung, welche das Ego für sein Wirken auf der physischen Ebene tragen muss; wie eine Wohnung, die ebenso eine geeignete Werkstätte für sein physisches Wirken sein kann wie ein Gefängnis, zu dem der Tod allein den Schlüssel besitzt. Wir wissen, wessen wir bedürfen und was wir uns allmählich erschaffen können – einen vollkommen gesunden und starken Körper, der aber gleichzeitig zart organisiert, verfeinert und sensitiv ist. Gesund sollte er sein – und im Osten wird auf Gesundheit als einer Vorbedingung für Schülerschaft bestanden – denn alles Ungesunde im Körper beeinträchtigt ihn als Werkzeug des Egos und entstellt sowohl die nach innen geleiteten Eindrücke als auch die nach außen gerichteten Impulse. Die Tätigkeiten des Egos werden behindert, wenn sein Werkzeug durch schlechte Gesundheit überspannt oder verzerrt ist.

Also gesund, zart organisiert, verfeinert, sensitiv, alle üblen Einflüsse selbsttätig abweisend und für alle guten dagegen empfänglich, so sollten wir unseren Körper mit Bedacht gestalten, und zwar dadurch, dass wir von allem, was uns umgibt, das auswählen, was zu diesem Ziel führt, dessen bewusst, dass diese Aufgabe nur Schritt für Schritt erfüllt werden kann, durch geduldige und stetige Arbeit, mit diesem Ziel im Auge. Wir werden es merken, wenn ein auch noch so kleiner Erfolg sich einzustellen beginnt, denn wir werden finden, dass sich in uns alle Arten von Fähigkeiten der Wahrnehmung zeigen, welche wir vorher nicht besaßen. Wir merken, dass wir empfänglicher werden mit Ohr und Auge, empfänglicher für vollere, sanftere und reichere Harmonien, für zartere, schönere und lieblichere Farbentöne. So wie der Maler sein Auge übt, damit er die zartesten Farbunterschiede sieht, für welche das gewöhnliche Auge blind ist, wie der Musiker sein Ohr schult und Obertöne hört, für welche gewöhnliche Ohren taub sind, so können wir unsere Körper schulen, so dass sie für die feineren Schwingungen des Lebens empfänglich werden, von denen der gewöhnliche Mensch nichts bemerkt. Es ist wohl wahr, es mag auch manches Unerfreuliche zur Empfindung gelangen, denn die Welt, in der wir leben, ist durch die Menschheit, die in ihr wohnt, roh und grob geworden. Aber andererseits werden sich Schönheiten enthüllen, die uns hundertfach die Schwierigkeiten vergelten, auf die wir stoßen und welche wir überwinden werden.

Wir erreichen dies, nicht um solche Körper für eigennützige Zwecke der Eitelkeit oder des Genusses wegen zu besitzen, sondern damit wir, die Menschen, deren Eigentum sie sind, sie mit nutzbringenderer Kraft zum Dienst am Ganzen verwenden können. Sie werden zu wirkungsvolleren Werkzeugen, um den Fortschritt der Menschheit zu fördern, und dadurch geeigneter für die Aufgabe, die menschliche Entwicklung zu beschleunigen Dies ist das Werk unserer großen Meister, das zu unterstützen unser Vorrecht sein kann.

Obgleich wir in diesem Teil unserer Betrachtung uns nur auf der physischen Ebene bewegt haben, so können wir doch erkennen, dass dieses Studium nicht ohne Wichtigkeit ist und auch das niedrigste der Werkzeuge unseres Bewusstseins unserer Aufmerksamkeit bedarf und unsere Sorge vergelten wird. Unsere Städte und Länder werden reiner, schöner und besser werden, wenn diese Kenntnisse allgemein geworden sind und nicht nur als intellektuell glaubhaft, sondern auch als Gesetz des alltäglichen Lebens angenommen werden.

II. DER ASTRAL- ODER BEGIERDEN-KÖRPER

Wir haben den physischen Körper des Menschen kennengelernt, seinen sichtbaren und seinen unsichtbaren Teil, und wir haben erfahren, dass der Mensch – die lebende bewusste Wesenheit – in seinem »wachen« Bewusstsein, zur Zeit seines Lebens in der physischen Welt, nur so viel von seinem Wissen zeigen und nur so viel von seinen Kräften kundgeben kann, wie er durch seinen physischen Körper auszudrücken imstande ist. Der Vollkommenheit oder Unvollkommenheit seiner Entwicklung entspricht die Vollkommenheit oder Unvollkommenheit seiner Ausdrucksfähigkeit auf der physischen Ebene. Sie beschränkt ihn, während er sich in der niedrigen Welt betätigt, und bildet einen wahrhaft »unüberschreitbaren Ring«. Das, was nicht durch ihn hindurch kann, kann sich auf Erden nicht kundgeben, daher seine Wichtigkeit für den sich entwickelnden Menschen.

In derselben Weise kann der Mensch, wenn er ohne den physischen Körper in einer anderen Sphäre des Universums, der astralen Ebene oder Welt, sich betätigt, auf dieser Ebene nur so viel von seinen Kenntnissen und seinen Kräften, also von sich selbst, zum Ausdruck bringen, als sein Astralkörper ihn dazu befähigt. Dieser ist zugleich sein Ausdrucksmittel und seine Begrenzung. Der Mensch ist mehr als seine Körper. Er hat vieles in sich, was er weder auf der physischen noch auf der astralen Ebene kundgeben kann. Aber das, was er imstande ist, zum Ausdruck zu bringen, kann in dieser speziellen Region des Universums als der Mensch selbst betrachtet werden. Was er von sich selbst hier unten zeigen kann, ist durch den physischen Körper begrenzt. Was er von sich selbst in der astralen Welt zeigen kann, ist durch den astralen Körper begrenzt. Wenn wir uns in unserem Studium in höhere Regionen erheben, so werden wir finden, dass mehr und mehr vom Menschen sich kundgeben kann, je mehr er in seiner Entwicklung fortschreitet. Er wird schrittweise höhere und höhere Träger des Bewusstseins zur Vervollkommnung bringen.

Es scheint mir notwendig, den Leser darauf aufmerksam zu machen, dass ich hier keinen Anspruch auf Unfehlbarkeit oder auf vollkommene Fähigkeit der Beobachtung erhebe, wenn wir auf verhältnismäßig selten betretene Gebiete kommen, die den meisten Menschen noch unbekannt sind. Irrtümer der Beobachtung und der Schlussfolgerung können auf den Ebenen über den physischen ebenso gut begangen werden wie auf der psychischen. Diese Möglichkeit sollte man stets im Auge behalten. Mit wachsender Kenntnis und anhaltender Schulung wird man immer größere Genauigkeit erreichen, und solche Irrtümer werden immer mehr verschwinden. Aber da die Verfasserin selbst nur eine Forscherin ist, sind Fehler, die einer Berichtigung in der Zukunft bedürfen, wahrscheinlich. Sie können sich in Einzelheiten einschleichen, werden aber weder die Grundprinzipien berühren noch die hauptsächlichen Schlussfolgerungen beeinträchtigen.

Zunächst lassen Sie uns den Begriff *Astralebene* oder *Astralwelt* klar fassen. Die Astralwelt ist eine bestimmte Region des Universums, welche die physische umgibt und durchdringt. Sie ist aber nicht wahrnehmbar für unsere gewöhnliche Beobachtung, da sie aus einer anderen Art Materie besteht. Wenn das äußerste physische Atom gespalten und aufgelöst wird, so verschwindet es, soweit die physische Welt in Betracht kommt. Aber man hat gefunden, dass es aus zahlreichen Teilchen der gröbsten Art der Astralmaterie besteht – dem »festen« Stoff der Astralwelt. (Die Bezeichnung »astral«, sternenartig, ist nicht gerade eine glückliche, aber das Wort ist seit so vielen Jahrhunderten gebraucht worden, um überphysische Materie zu bezeichnen, dass es jetzt Schwierigkeiten bereiten würde, es zu beseitigen. Dieser Name wurde seiner Zeit von den Beobachtern wahrscheinlich wegen des im Vergleich zur physischen Materie leuchtenden Aussehens gewählt. Zum eingehenderen Studium wird auf das Werk »Die Astralebene« von C. W. Leadbeater verwiesen.)[1]

1 Charles W. Leadbeater, Die Astralebene, Grafing 2008

Wir haben sieben verschiedene Aggregatzustände der physischen Materie gefunden – fest, flüssig, gasförmig und vier ätherische – in die alle die unzähligen Kombinationen klassifiziert werden, welche die physische Welt ausmachen. Genauso haben wir sieben Aggregatzustände der astralen Materie, die den physischen entsprechen. In diese können die unzähligen Kombinationen eingeordnet werden, die in ähnlicher Weise die astrale Welt bilden.

Alle physischen Atome haben ihre astralen Umhüllungen. Die astrale Materie bildet sozusagen die Matrix der physischen, die physische ist in die astrale eingebettet. Die astrale Materie dient als Träger für Jîva, »das Eine Leben«, das alles beseelt; und mittels der astralen Materie umfließen, erhalten und nähren Ströme von Jîva jedes Teilchen der physischen Materie. Diese Ströme von Jîva lassen nicht nur das entstehen, was man volkstümlich Lebenskräfte nennt, sondern auch alle elektrischen, magnetischen, chemischen und anderen Energien, wie Anziehungskraft, Kohäsion, Abstoßung etc., die alle Differenzierungen des »Einen Lebens« sind, in welchen Universen schwimmen wie Fische im Meer. Von der astralen Welt, die so vollständig die physische durchdringt, geht Jîva in den Äther der letzteren über, der so zum Überbringer all dieser Kräfte an die niedrigeren Aggregatzustände der physischen Materie wird, innerhalb welcher wir ihr Spiel beobachten.

Wenn wir die physische Welt aus dem Dasein uns fortgenommen denken, ohne dass eine andere Änderung eintritt, so würden wir in astraler Materie noch eine vollkommene Kopie von ihr haben, und wenn wir weiter annehmen, dass jedermann mit funktionierenden astralen Fähigkeiten begabt wäre, so würden die Menschen zuerst sich irgendeiner Änderung in ihrer Umgebung gar nicht bewusst werden. »Tote« Menschen, die in den niederen Regionen der astralen Welt aufwachen, befinden sich oft in einem solchen Zustand und glauben, dass sie noch in der physischen Welt leben.

Da die meisten von uns das astrale Sehen in sich noch nicht entwickelt haben, so ist es nötig, die relative Wirklichkeit der astralen Welt als einen Teil des phänomenalen Weltalls zu betonen und sie mit dem Auge intellektueller Erkenntnis zu betrachten, wenn es mit dem astralen nicht geht. Sie ist ebenso wirklich, und gewissermaßen, da sie von der Einen Wirklichkeit nicht ganz so weit entfernt ist, wirklicher als die physische. Ihre Erscheinungen sind der befähigten Beobachtung ebenso zugänglich wie die der physischen Ebene. Geradeso wie hier unten ein Blinder physische Gegenstände nicht sehen kann und wie man manche Dinge nur mit Hilfe von Apparaten, dem Mikroskop, dem Spektroskop etc., beobachten kann, so ist es auch auf der Astralebene. Astral blinde Menschen können astrale Gegenstände überhaupt nicht sehen, und viele Dinge entziehen sich auch dem gewöhnlichen astralen Sehen oder »Hellsehen«.

Aber auf der jetzigen Stufe der Evolution könnten viele Menschen bis zu einem gewissen Grade die astralen

Sinne entwickeln, und sie tun dies auch, wodurch sie für die zarteren Schwingungen, die der astralen Ebene eigen sind, empfänglich werden. Solche Personen sind freilich vielen Fehlschlüssen ausgesetzt, wie das Kind Fehler macht, wenn es anfängt, seine physischen Sinne zu benutzen. Aber diese Irrtümer werden, ähnlich wie bei Kindern, bei größerer Erfahrung berichtigt, und nach einiger Zeit können sie auf der astralen Ebene ebenso genau sehen und hören wie auf der physischen. Es ist nicht ratsam, diese Entwicklung durch künstliche Mittel zu forcieren, denn solange nicht ein gewisses Maß an seelischer Kraft entwickelt wurde, ist die physische Welt alles, was einigermaßen beherrscht werden kann, und das Eindringen astraler Gesichte und Töne und sonstiger allgemeiner Phänomene ist geeignet, störend und sogar erschreckend zu wirken. Aber die Zeit kommt, da diese Stufe erreicht und die relative Wirklichkeit des astralen Teils der unsichtbaren Welt dem wachen Bewusstsein offenbar wird.

Hierfür ist es nicht nur nötig, einen Astralkörper zu haben, wie wir alle ihn haben, sondern er muss auch vollständig organisiert und zum Arbeiten tauglich sein, und das Bewusstsein muss gewöhnt sein, in ihm zu wirken und nicht nur durch ihn auf den physischen Körper. Jeder arbeitet fortwährend durch den Astralkörper, aber verhältnismäßig wenige arbeiten in ihm getrennt vom physischen Körper. Ohne das stetige Wirken durch den Astralkörper würde es keine Verbindung zwischen der äußeren Welt und dem Verstand des Menschen geben, keine Verbindung zwischen den Eindrücken auf die physischen Sinne und der Wahrnehmung derselben durch den Verstand. Der Eindruck wird zu einer Empfindung im Astralkörper und wird dann vom Verstand wahrgenommen. Der Astralkörper, in welchem die Zentren der Empfindung sich befinden, wird oft als der astrale Mensch bezeichnet, gerade so, wie wir den physischen Körper den physischen Menschen nennen können. Eigentlich ist er aber nur ein Werkzeug, eine Hülle, in welchem der Mensch selbst sich betätigt und durch welches er sein gröberes Werkzeug, den physischen Körper, erreicht und von diesem erreicht wird.

Was die Konstitution des Astralkörpers betrifft, so ist er aus Astralmaterie aller sieben Aggregatzustände zusammengesetzt und kann gröbere oder feinere Teile von jedem derselben an sich ziehen. Es ist leicht, sich das Bild eines Menschen in einem wohlgeformten Astralkörper vor Augen zu halten. Man kann sich vorstellen, dass er den physischen Körper ablegt und in einem zarteren, leuchtenderen Abbild desselben aufersteht, dessen Ähnlichkeit, wenn auch nicht dem gewöhnlichen Auge, so doch dem hellseherischen Blick erkennbar ist.

Ich habe gesagt »einen wohlgeformten Astralkörper«, denn der Astralkörper eines unentwickelten Menschen ist eine sehr chaotische Erscheinung. Seine Umrisse sind unbestimmt, sein Material ist dunkel, ungeordnet und, wenn vom physischen Körper getrennt, eine gestaltlose, unbestimmte Wolke, augenscheinlich ungeeignet, als ein unabhängiges Werkzeug zu dienen. Er ist in Wirklichkeit eher ein Stück astraler Materie als ein organisierter Astralkörper – eine Masse astralen Protoplasmas von amöbenartigem Typus. Ein wohlgeformter Astralkörper ist das Kennzeichen eines Menschen, der eine einigermaßen hohe Stufe der intellektuellen Kultur oder des spirituellen Wachstums erreicht hat, so dass das Aussehen eines Astralkörpers ein Zeichen für den Fortschritt ist, den sein Eigentümer gemacht hat. Aus der Bestimmtheit seiner Konturen, dem Leuchten seines Materials und der Vollkommenheit seiner Organisation kann man auf die Stufe der Entwicklung schließen, die das Ego erklommen hat, das sich seiner bedient.

Bezüglich der Frage, wie dieser Körper vervollkommnet werden kann, eine Frage, die für uns alle wichtig ist, muss man dessen eingedenk bleiben, dass die Verbesserung des Astralkörpers einerseits auf der Reinigung des physischen Körpers beruht und andererseits auf der Reinigung und Entwicklung des Intellekts.

Der Astralkörper ist besonders empfänglich für Eindrücke von Gedanken, denn die Astralmaterie reagiert viel rascher als die physische auf jeden Anstoß aus der Welt des Verstandes. Wenn wir in die astrale Welt blicken, finden wir sie zum Beispiel angefüllt mit fortwährend wechselnden Gestalten. Wir finden dort »Gedankenformen«, das sind Formen aus Elementalessenz, die von einem Gedanken beseelt sind, und wir bemerken auch große Massen dieser Elementalessenz, aus der fortwährend Gestalten auftauchen und in ihr wieder verschwinden. Wenn wir sorgfältig beobachten, können wir sehen, dass Gedankenströme diese astrale Materie in Schwingung versetzen, dass starke Gedanken daraus Hüllen um sich ziehen und eine lange Zeit als Wesenheiten ihr Dasein behaupten, während schwache Gedanken sich nur schwach umhüllen und bald wieder ausschwingen, so dass infolge von Gedankenimpulsen durch die ganze astrale Welt hindurch sich fortwährend Änderungen und Wechsel vollziehen.

Der Astralkörper des Menschen nimmt, da er aus Astralmaterie besteht, teil an der Leichtigkeit, auf die Eindrücke von Gedanken zu reagieren. Er schwingt entsprechend der Gedanken, die auf ihn treffen, egal ob der Gedanke von außen, vom Intellekt eines anderen Menschen, oder von innen kommt, vom Intellekt des Eigentümers.

Lassen Sie uns diesen Astralkörper hinsichtlich der Eindrücke von innen und von außen studieren. Wir sehen ihn den physischen Körper durchdringen und sich in jeder Richtung über denselben hinaus erstrecken wie eine farbige Wolke. Die Färbung ist verschieden, je nach der Natur des Menschen, mit seiner niedrigen, animalischen und leidenschaftlichen Natur. Der Teil außerhalb des physischen Körpers wird die *kamische Aura* genannt, da sie zum *Kama-Rupa* oder Begierdenkörper gehört, der gewöhnlich der Astralkörper des Menschen genannt wird. Diese Trennung der »Aura« vom Menschen, als wenn sie etwas anderes wäre als er selbst, ist irreführend, wenn auch vom Standpunkt des Augenscheines aus sehr natürlich. Die »Aura« ist die Wolke, die den Körper umgibt – dem gewöhnlichen Sprachgebrauch gemäß. In Wirklichkeit lebt der Mensch auf den verschiedenen Ebenen in Körpern, die diesen Ebenen entsprechen. Alle diese Körper durchdringen einander. Der niedrigste und schmächtigste wird im Besonderen »der Körper« genannt, die vermischten Bestandteile der anderen Hüllen hingegen die »Aura«, wenn sie sich über diesen Körper hinaus erstrecken. Die *kamische Aura* ist also einfach der Teil des kamischen Körpers, der über den physischen hinausragt.)

Der Astralkörper ist der Träger des kamischen Bewusstseins des Menschen, der Sitz aller tierischen Leidenschaften und Begierden, das Zentrum der Sinne, wie schon erwähnt, wo alle Empfindungen entstehen. Er wechselt seine Farben fortwährend, wenn er infolge von Gedankeneindrücken vibriert. Wenn ein Mensch seinen Gleichmut verliert, erscheinen Flammenblitze in Scharlach; wenn er Liebe empfindet, strömt Rosa hindurch. Wenn die Gedanken des Menschen hoch und edel sind, bedürfen sie feinerer Astralmaterie, um auf sie zu reagieren, und es zeigt sich diese Einwirkung auf den Astralkörper durch das Verschwinden der gröberen und dichteren Teilchen aus allen Aggregatzuständen der Astralmaterie und deren Ersatz durch schönere und zartere.

Der Astralkörper eines Menschen, dessen Gedanken niedrig und tierisch sind, ist grob, dick, dicht und dunkel von Farbe – oft so dicht, dass die Umrisse des physischen Körpers darin nicht mehr zu erkennen sind, während derjenige eines fortgeschritteneren Menschen schön, klar, leuchtend und hell von Farbe ist, ein wirklich schönes Bild. In diesem Fall beherrscht der Mensch die niederen Leidenschaften, und die aussondernde Wirksamkeit des Intellekts hat die astrale Masse verfeinert. Durch edles Denken reinigen wir also den Astralkörper, selbst wenn wir nicht bewusst auf dieses Ziel zustreben. Zudem dürfen wir nicht vergessen, dass dieses innere Arbeiten einen mächtigen Einfluss darauf ausübt, auf welche Gedanken von außerhalb der Astralkörper eine Anziehung empfindet. Ein Astralkörper, der von seinem Eigentümer so gestaltet wurde, dass er gewohnheitsgemäß auf üble Gedanken reagiert, wirkt wie ein Magnet auf ähnliche Gedankenformen in der Nähe, während ein reiner Astralkörper auf solche Gedanken eine abstoßende Wirkung zeigt und nur solche Gedankenformen anzieht, die aus gleichartigen Substanzen zusammengesetzt sind.

Wie oben bemerkt, steht der Astralkörper auf der anderen Seite auch mit dem physischen in Zusammenhang und wird durch dessen Reinheit oder Unreinheit beeinflusst. Wir haben gesehen, dass die festen, flüssigen, gasförmigen und ätherischen Bestandteile, aus denen der physische Körper besteht, grob oder zart sein können. Die Natur dieser physischen Teile wird ihrerseits die Natur der entsprechenden astralen Hülle beeinflussen. Wenn wir unvernünftigerweise um den physischen Körper keine Sorge tragen und in ihn feste Teile unreiner Art hineinbauen, so ziehen wir damit die entsprechende unreine Art dessen heran, was wir das »feste« Astrale nennen wollen. Wenn wir andererseits aber in unseren dichten Körper feste Teile reinerer Art hineinbauen, ziehen wir die entsprechende reinere Art »festen« astralen Stoffes heran.

Wenn wir die Reinigung des physischen Körpers beharrlich fortführen, indem wir ihn durch reine Speisen und Getränke ernähren und verunreinigende Arten von Nahrungsmitteln ausschließen, wie Blut von Tieren, Alkohol und andere üble und herabwürdigende Dinge, so verbessern wir nicht nur unseren physischen Bewusstseinsträger, sondern wir beginnen auch, den astralen zu reinigen und aus der astralen Welt zartere und feinere Materialien zu seinem Aufbau zu nehmen. Die Wirkung hiervon ist nicht nur in Bezug auf das gegenwärtige irdische Leben wichtig, sondern hat auch eine bestimmte Tragweite für den nächstfolgenden Zustand nach dem Tod, wie wir später sehen werden. Das gilt für den Aufenthalt in der astralen Welt ebenso wie für die Art des Körpers, den wir im nächsten Leben auf der Erde haben werden.

Dies ist noch nicht alles. Schlechte Nahrungsmittel ziehen zu dem astralen Körper auch schädliche Wesen der astralen Welt heran, denn wir haben es nicht nur mit astraler

Materie, sondern auch mit den sogenannten Elementalen dieser Region zu tun. Das sind Wesenheiten höherer und niederer Art, die auf dieser Ebene existieren und durch die Gedanken der Menschen entstanden sind. Ferner gibt es dort in ihrem Astralkörper festgehaltene herabgekommene Menschen, die als Elementargeister bekannt sind. Diese werden von Leuten angezogen, deren Astralkörper ihrer Natur ähnliche Materie enthalten, während die Elementargeister naturgemäß diejenigen aufsuchen, die solchen Lastern ergeben sind, denen sie selbst zu Lebzeiten gefrönt haben. Jeder, der mit astralem Gesicht begabt ist, sieht, wenn er durch die Straßen der Städte geht, Horden widerlicher Elementale um die Fleischerläden hocken und sieht in den Kneipen und Bars Elementargeister sich mit Vorliebe versammeln, die sich an den üblen Ausdünstungen der Spirituosen vergnügen und sich womöglich in die Körper der Trinker selbst drängen. Diese Wesen werden von jenen angezogen, die ihre Körper aus diesem Material bilden, und solche Menschen tragen diese Umgebung als Teil ihres astralen Lebens in sich.

So geht es auf jeder Stufe der astralen Ebene weiter. Je nachdem wie intensiv wir physische Materie reinigen, ziehen wir reine Teile der entsprechenden Stufe astraler Materie an. Nun hängt natürlich die Leistungsfähigkeit des Astralkörpers in hohem Maße von der Natur der Materie ab, die wir hineinbauen. In dem Maß, in dem wir durch den Prozess der Reinigung diesen Körper feiner und feiner machen, hört er auf, in Antwort auf niedere Eindrücke zu vibrieren, und fängt an, auf die Einflüsse der höheren astralen Welt zu reagieren. Wir stellen so ein Werkzeug her, das, obwohl es von Natur aus für äußere Einflüsse empfänglich ist, doch allmählich die Kraft verliert, auf die niederen Schwingungen zu antworten, dagegen aber die Kraft gewinnt, auf die höheren anzusprechen – ein Instrument, das so gestimmt ist, dass es nur bei den höheren Noten mittönt.

Wie wir Drahtsaiten dazu verwenden können, sympathische Schwingungen zu erzeugen, und dazu ihren Durchmesser, ihre Länge und ihre Spannung entsprechend wählen, so können wir unseren Astralkörper stimmen, dass er sympathisch mitschwingt, wenn edle Harmonien um ihn her in der Welt tönen. Dies ist nicht nur eine Sache der Spekulation oder der Theorie, es ist eine wissenschaftliche Tatsache. Wie wir hier die Saiten stimmen können, so können wir dort die Saiten des Astralkörpers stimmen. Das Gesetz von Ursache und Wirkung gilt dort so gut wie hier. Wir rufen das Gesetz an, wir nehmen Zuflucht zum Gesetz und wir verlassen uns auch auf das Gesetz. Alles, was wir nötig haben, ist Wissen und der Wille, dieses Wissen in die Praxis umzusetzen. Dieses Wissen mag man zuerst, wenn man will, nur als Hypothese annehmen und erproben, die im Einklang mit Tatsachen steht, die uns in der niederen Welt bekannt sind. Später, in dem Maß, in dem man den Astralkörper reinigt, wird die Hypothese sich in Wissen verwandeln. Sie wird Gegenstand der unmittelbaren Beobachtung sein, so dass man imstande ist, sich von der Wahrheit der Theorien zu überzeugen, die man ursprünglich nur als Hypothese angenommen hat.

Unsere Fähigkeit, die astrale Welt zu meistern und dort wirkliche Dienste zu leisten, hängt daher vor allem von diesem Prozess der Reinigung ab. Es gibt bestimmte Methoden des Yoga, durch welche die Entwicklung der astralen Sinne in vernünftiger und gesunder Weise gefördert werden kann. Es hat aber gar keinen Zweck zu versuchen, diese jemanden zu lehren, ehe er nicht diese einfachen vorbereitenden Mittel der Reinigung angewandt hat. Es ist eine allgemeine Erfahrung, dass Menschen sehr darauf aus sind, neue und ungewöhnliche Methoden des Fortschrittes zu versuchen; aber es ist zwecklos, Leute im Yoga zu unterweisen, wenn sie nicht einmal diese vorbereitenden Stufen in ihrem Alltagsleben üben wollen. Gesetzt der Fall, jemand finge an, einen gewöhnlichen, unvorbereiteten Menschen irgendeine Form von Yoga zu lehren. Dieser würde es eifrig und enthusiastisch aufnehmen, weil es neu und fremdartig ist und er auf rasche Erfolge hofft. Bevor er noch ein Jahr nach der Methode gearbeitet hat, würde er aber durch die Schwierigkeiten, die sie im Alltagsleben mit sich bringt, ermüdet und durch den Mangel an unmittelbarem Erfolg entmutigt werden. Nicht gewöhnt an dauernde, stetige, Tag für Tag fortgesetzte Anstrengung, würde er versagen und die Übung aufgeben; denn ist die Sache nicht mehr neu, stellt sich bald Gleichgültigkeit ein.

Will oder kann jemand nicht die einfache, verhältnismäßig leichte Pflicht der Reinigung des physischen und des Astralkörpers erfüllen, indem er eine zeitweise Selbstverleugnung ausübt und die Bande schlechter Gewohnheiten beim Essen und Trinken bricht, so ist es zwecklos für ihn, nach schwierigeren Methoden zu verlangen, die nur die Anziehungskraft des Neuen haben und bald als eine untragbare Last abgeworfen würden. Selbst alles Reden von besonderen Methoden ist zwecklos, bis nicht diese gewöhnlichen bescheidenen Mittel für einige Zeit angewandt worden sind. Aber mit der Reinigung werden sich neue Möglichkeiten zu zeigen beginnen. Der Schüler wird sehen, dass ihm allmählich eine Erkenntnis aufgeht. Ein schärferes Sehen wird erwachen. Schwingungen werden ihn von allen Seiten erreichen, auf die er in einer Weise zu reagieren anfängt, wie er es in den Tagen der Blindheit und Stumpfheit nicht gekonnt hätte. Früher oder später, je nach dem Karma seiner Vergangenheit, wird ihm diese Erfahrung zuteil. Wie ein Kind, das die Schwierigkeit des Alphabets zu meistern gelernt hat, dann den Genuss des Buches hat, das es nun lesen kann, so wird der Suchende erfahren, dass er Kenntnisse und Fähigkeiten entfaltet, von denen er sich in seinen sorglosen Tagen nichts hätte träumen lassen. Neue Aussichten auf Erkenntnis öffnen sich vor ihm, und ein weiteres Universum entfaltet sich nach allen Seiten.

Wenn wir nun kurz den Astralkörper betrachten, wie er sich in schlafendem und wachendem Zustand verhält, so werden wir rasch und leicht die Funktionen verstehen lernen, die er ausübt, wenn er ein vom Körper getrennter Bewusstseinsträger wird. Studieren wir einen Menschen, während er wacht und schläft, dann werden wir eine sehr bemerkenswerte Veränderung in Bezug auf den Astralkörper beobachten. Wenn er wacht, betätigen sich die astralen Vorgänge – die wechselnden Färbungen usw. – alle in und unmittelbar um den Körper herum. Aber wenn er schläft, tritt eine Trennung ein. Wir sehen den physischen Körper – den dichten und den ätherischen zusammen – im Bett liegen, während der Astralkörper über ihnen in der Luft schwebt.

Wenn wir einen Menschen von geringem Entwicklungsgrad studieren, dann ist der Astralkörper, wenn er sich vom physischen getrennt hat, jene ziemlich formlose Masse, die wir früher beschrieben haben. Er kann sich nicht weit von seinem physischen Körper entfernen. Als Bewusstseinsträger ist er unbrauchbar, und der Mensch befindet sich in ihm in einem sehr wenig bewussten träumerischen Zustand, da er es nicht gewohnt ist, sich außerhalb seines physischen Körpers zu betätigen. Man kann tatsächlich sagen, er schläft beinahe vollständig, da ihm das Werkzeug fehlt, durch welches er gewohnt ist zu arbeiten. Es ist ihm nicht möglich, bestimmte Eindrücke von der astralen Welt zu empfangen oder sich vermittels des kümmerlich organisierten Astralkörpers klar auszudrücken. Die Zentren der Empfindung darin mögen durch vorüberstreifende Gedankenformen angeregt werden, und er mag darin auf Reize reagieren, welche die niedere Natur erregen, aber der ganze Eindruck, den er auf den Beobachter macht, ist einer der Schläfrigkeit und der Unbestimmtheit. Dem Astralkörper fehlt alle bestimmte Lebendigkeit; er schwebt träge und unentwickelt über der schlafenden physischen Gestalt. Wenn irgendetwas geschieht, was ihn von seinem physischen Partner fortzuleiten versucht, dann erwacht der letztere, und der Astralkörper tritt rasch wieder in ihn ein.

Beobachtet man jedoch einen Menschen, der viel weiter entwickelt ist, sagen wir einen solchen, der gewohnt ist, in der astralen Welt tätig zu sein und den astralen Körper zu diesem Zweck zu gebrauchen, so sehen wir, dass, wenn der physische Körper in Schlaf fällt und der Astralkörper herausschlüpft, wir den Menschen selbst in vollem Bewusstsein vor uns haben. Der Astralkörper ist scharf konturiert und klar organisiert. Er hat Ähnlichkeit mit dem Menschen; der Mensch kann ihn als Werkzeug benutzen, als ein viel geeigneteres als das physische. Er ist vollkommen wach und arbeitet weit tätiger, weit genauer und mit größerem Verständnis, als wenn er im gröberen Körper eingeschlossen ist, und er kann sich frei und mit unglaublicher Geschwindigkeit auf jede Entfernung fortbewegen, ohne dem schlafenden Körper auf dem Bett irgendeine Beunruhigung zu bereiten.

Wenn ein solcher Mensch noch nicht gelernt hat, sein astrales und physisches Werkzeug miteinander zu verbinden, wenn im Bewusstsein noch eine Unterbrechung stattfindet, sobald der Astralkörper beim Einschlafen ausschlüpft, dann wird der Mensch, obwohl er selbst hellwach und bei vollem Bewusstsein auf der astralen Ebene ist, doch nicht imstande sein, bei seiner Rückkehr in seinen gröberen Körper dem physischen Gehirn die Kenntnis von dem einzuprägen, was er während seiner Abwesenheit getan hat. Unter diesen Umständen wird sein »waches« Bewusstsein, wie wir gewöhnlich die begrenzteste Form unseres Bewusstseins zu nennen pflegen, keinen Teil haben an den Erfahrungen des Menschen in der astralen Welt, nicht weil er sie nicht kennt, sondern weil der physische Organismus zu grob ist, um diese Eindrücke von ihm zu empfangen.

Manchmal, wenn der physische Körper erwacht, hat er ein Gefühl, als ob er etwas erlebt habe, wovon aber keine Erinnerung geblieben ist. Dennoch zeigt gerade dieses Gefühl, dass ein Funktionieren des Bewusstseins in der astralen Welt, abseits des physischen Körpers, stattgefunden hat, obgleich sein Gehirn nicht empfänglich genug ist, um auch nur eine flüchtige Erinnerung von dem zu bewahren, was sich zugetragen hat.

Ein anderes Mal, wenn der Astralkörper zum physischen zurückkehrt, kann der Mensch mit Erfolg einen augenblicklichen Eindruck auf den ätherischen und den dichten Körper machen, so dass, wenn der letztere erwacht, eine lebhafte Erinnerung an eine Erfahrung in der astralen Welt vorhanden ist. Aber die Erinnerung verschwindet rasch und weigert sich, wieder zurückgerufen zu werden. Jede Bemühung macht den Erfolg unmöglicher, da sie starke Schwingungen im physischen Gehirn erzeugt, durch welche die feineren astralen nur noch mehr übertönt werden.

Manchmal wieder mag es dem Menschen gelingen, dem physischen Gehirn neue Kenntnisse einzuprägen, ohne dass er imstande ist, sich zu erinnern, wo oder wie er diese Kenntnisse erlangt hat. In solchen Fällen werden sich im wachen Bewusstsein Gedanken einstellen, als ob sie spontan entstanden wären. Es kommen Lösungen von früher unverstandenen Problemen, und Licht fällt auf früher dunkle Fragen. Wenn dies eintritt, ist es ein ermutigendes Zeichen des Fortschrittes, da es zeigt, dass der Astralkörper wohlorganisiert ist und aktiv in der astralen Welt funktioniert, obgleich der physische Körper nur teilweise empfänglich ist.

Ab und zu jedoch gelingt es dem Menschen, das physische Gehirn zum Reagieren zu bringen. Dann haben wir das, was wir als einen sehr lebhaften, vernünftigen und zusammenhängenden Traum bezeichnen, eine Art von Träumen, welcher sich die meisten gedankenreichen Leute gelegentlich erfreuen, in denen sie sich nicht weniger lebendig fühlen, sondern lebendiger als im »Wachen«, und in welchen sie manchmal sogar Kenntnisse erlangen, die ihnen im physischen Leben nützlich sein können.

All dies sind Stufen des Fortschrittes, welche die Entwicklung und Vervollkommnung der Organisation des Astralkörpers kennzeichnen.

Aber andererseits ist es gut, wenn man weiß, dass Menschen, die durchgreifende und selbst schnelle Fortschritte im Spirituellen machen, häufig sehr nutzbringend in der astralen Welt tätig sind, ohne dem Gehirn die leiseste Erinnerung von dem Wirken, an dem sie sich beteiligt haben, einprägen zu können, obgleich sie in ihrem niederen Bewusstsein eine immer wachsende Erleuchtung und erweiterte Kenntnis geistiger Wahrheit erleben. Es gibt eine Tatsache, die allen Suchenden zur Ermutigung dienen kann und worauf sie sich mit vollem Vertrauen verlassen mögen, so leer ihr Gedächtnis auch in Bezug auf überphysische Erfahrungen sein mag. Wenn wir lernen, mehr und mehr für andere zu arbeiten, wenn wir versuchen, der Welt mehr nützlich zu werden, wenn wir stärker und stetiger in unserer Ergebung für die älteren Brüder der Menschheit werden und immer ernstlicher unseren kleinen Teil an ihrem großen Werk zu verrichten suchen, dann entwickeln wir dadurch gesetzmäßig diesen astralen Körper und die Fähigkeit, in ihm zu wirken, die uns zu erfolgreicheren Werkzeugen macht.

Ob mit oder ohne physische Erinnerung, wir verlassen unser physisches Gefängnis im tiefen Schlaf und wirken tätig und nutzbringend in der astralen Welt. Wir helfen Menschen, die wir sonst nicht erreichen könnten, wir geben Hilfe und Trost auf Wegen, die wir sonst nicht benützen könnten. Diese Entwicklung schreitet bei denen voran, die reinen Herzens sind und die erhabene Gedanken fassen mit dem Verlangen und dem Wunsch zu dienen. Sie mögen manches Jahr in der astralen Welt wirken, ohne die Erinnerung in ihr niederes Bewusstsein zurückzubringen, und mögen Kräfte ausüben für das Gute in der Welt, die weit über das hinausgehen, wofür sie sich befähigt halten. Ihnen wird, sobald ihr Karma es gestattet, das volle, ungebrochene Bewusstsein zuteil werden, das sich willentlich zwischen der astralen und der physischen Welt bewegt. Die Brücke wird geschlagen werden, die es der Erinnerung gestattet, ohne Anstrengung von der einen zur anderen Welt hinüberzugehen, so dass der Mensch, der von seiner Tätigkeit in der astralen Welt zurückkehrt, ohne einen Augenblick das Bewusstsein zu verlieren, seine physische Kleidung wieder anlegt.

Dies wartet mit voller Sicherheit auf alle, die das Leben des Dienens wählen. Sie werden eines Tages dieses ungebrochene Bewusstsein erwerben. Dann wird für sie das Leben nicht länger aus Tagen des Erinnerns und Nächten des Vergessens bestehen, sondern es wird ein zusammenhängendes Ganzes sein. Der Körper wird beiseite gelegt, damit er die ihm nötige Ruhe genieße, während der Mensch selbst seinen Astralkörper benutzt, um sein Werk in der astralen Welt zu tun. Dann können sie ihr Denken ununterbrochen erhalten. Sie werden sich dessen bewusst sein, wenn sie den physischen Körper verlassen, wenn sie fern von ihm leben und wenn sie zurückkehren und wieder in ihn hineinschlüpfen. So werden sie Woche für Woche, Jahr für Jahr das ununterbrochene, ungeschwächte Bewusstsein aufrechterhalten, das die absolute Gewissheit der Existenz des individuellen Selbstes gibt. Es wird Ihnen die Gewissheit der Tatsache geschenkt, dass der Körper nur eine Kleidung ist, die sie tragen und je nach Wunsch an- und ablegen, und nicht ein notwendiges Werkzeug für das Denken und das Leben. Sie werden erfahren, dass, weit entfernt davon, zu beidem notwendig zu sein, das Leben vielmehr ohne ihn weit tatkräftiger, das Denken weit ungehinderter ist.

Ist diese Stufe erreicht, dann fängt der Mensch an, die Welt und sein eigenes Leben in ihr weit besser als vorher zu verstehen. Dann beginnt er, weit mehr von dem, was vor ihm liegt, und mehr von den Möglichkeiten der höheren Menschlichkeit zu erschauen. Langsam erkennt er, dass so, wie ein Mensch zuerst physisches und dann astrales Bewusstsein erwirbt, sich über ihm andere und weit höhere Gebiete des Bewusstseins auftun und er eines nach dem anderen sich aneignen wird. Dadurch kann er auf erhabeneren Ebenen tätig werden und durch weitere Welten streifen, umfassendere Kräfte ausüben, und dies alles als Diener der Heiligen zum Nutzen und zum Besten der Menschheit.

Dann fängt das physische Leben an, in ein richtiges Verhältnis zu rücken, und kein Vorkommnis in der physischen Welt kann ihn so beeinflussen wie früher, als er das vollere, das reichere Leben noch nicht kannte. Auch der Tod kann ihm nichts antun, weder ihm selbst, noch in Bezug auf die, welchen er zu helfen wünscht. Das Erdenleben nimmt seinen wahren Platz ein als der kleinste Teil der menschlichen Wirksamkeit, und es kann nie wieder so dunkel werden wie es war, denn das Licht der höheren Regionen scheint herab bis in seine dunkelsten Winkel.

Wenden wir uns nun den Funktionen und Fähigkeiten des Astralkörpers zu sowie der Betrachtung gewisser mit ihm verbundener Phänomene. Er kann sich anderen Menschen getrennt vom physischen Körper zeigen, sowohl während als auch nach dem Erdenleben. Jemand, der seinen Astralkörper vollkommen meistert, kann selbstverständlich den physischen jeden Augenblick verlassen und zu einem entfernten Freund gehen. Wenn die so besuchte Person hellsehend ist, also das astrale Sehen entwickelt hat, kann sie des Freundes Astralkörper erblicken. Ist das nicht der Fall, so kann der Besucher leicht seine Hülle dadurch verdichten, dass er aus der Atmosphäre Teilchen physischer Materie heranzieht und sich so genügend »materialisiert«, um sich für physische Augen sichtbar zu machen. Dies ist die Erklärung vieler Erscheinungen von fernen Freunden. Phänomene, die viel gewöhnlicher sind, als die meisten Leute glauben, da ängstliche Menschen darüber schweigen, weil sie fürchten, wegen Aberglaubens ausgelacht zu werden. Glücklicherweise nimmt die Furcht ab. Wenn die Leute den Mut und Verstand hätten zu sagen, was sie als wahr und wirklich erfahren haben, würden wir bald eine große Menge Beweise für die Erscheinungen von Menschen haben, deren physischer Körper sich weit entfernt von den Orten befand, wo sich ihr Astralkörper zeigte.

Dieser Körper kann unter Umständen von Personen gesehen werden, die für gewöhnlich des astralen Sehens nicht fähig sind, ohne dass eine Materialisation erfolgen muss. Wenn das Nervensystem einer Person überanstrengt und der physische Körper bei schwacher Gesundheit ist, so dass der Lebenspuls schwächer schlägt als gewöhnlich, kann die Nerventätigkeit, die so sehr vom ätherischen Doppelgänger abhängig ist, abnorm aufgestachelt werden, und unter solchen Verhältnissen kann der Mensch vorübergehend hellsehend werden. Eine Mutter etwa, die ihren Sohn in fremden Landen gefährlich krank weiß und die vor Angst um ihn außer sich ist, kann so für astrale Schwingungen empfänglich werden, besonders in den Stunden der Nacht, wo die Vitalität am schwächsten ist. Wenn unter diesen Bedingungen der Sohn an sie denkt und sein physischer Körper bewusstlos ist, so dass er ihm gestattet, die Mutter astral zu besuchen, dann wird sie in der Lage sein, ihn zu sehen.

Häufiger kommt ein solcher Besuch vor, wenn der Mensch im Tod gerade den physischen Körper abgeworfen hat. Diese Erscheinungen sind keineswegs ungewöhnlich, besonders wenn der Sterbende den starken Wunsch hegt, zu jemandem zu gelangen, dem er durch Zuneigung verbunden ist oder dem er eine spezielle Angelegenheit mitzuteilen wünscht, und gestorben ist, ohne seine Absicht ausgeführt zu haben.

Wenn wir den Astralkörper nach dem Tod weiter verfolgen, wenn der ätherische wie auch der dichtere Körper abgeworfen ist, bemerken wir eine Veränderung in seinem Aussehen. Während der Verbindung mit dem physischen Körper ist die astrale Materie der verschiedenen Aggregatzustände vermischt, die dichtere und feinere durchdringen einander. Aber nach dem Tod findet eine neue Anordnung statt. Die Partikel der verschiedenen Aggregatzustände trennen sich voneinander, sortieren sich sozusagen nach ihrer verschiedenen Dichtigkeit, wodurch der Astralkörper einen geschichteten Charakter bekommt und zu einer Reihe konzentrischer Schalen wird, von welchen die dichteste sich an der Außenseite befindet.

Hier treffen wir wieder auf die Wichtigkeit, den Astralkörper während des Erdenlebens zu reinigen; denn wir finden, dass er nach dem Tod die astrale Welt nicht nach Wunsch durchstreifen kann. Diese Welt hat ihre sieben Unterebenen, und der Mensch ist an die Unterebene gebunden, zu der seine äußerste Schale gehört. Wenn die äußerste Umhüllung sich auflöst, erhebt er sich in die nächste Unterebene, und so fort von einer zur anderen.

Ein Mensch von sehr niedriger und tierischer Gesinnung wird in seinem Astralkörper viel von der gröbsten und dichtesten Art der Astralmaterie besitzen. Daher wird dieser ihn auf der niedrigsten Stufe von *Kamaloka*, der niederen Astralwelt, zurückhalten. So lange, bis diese Schale sich zum größten Teil aufgelöst hat, muss der Mensch in dieser Region der astralen Welt gefangen bleiben und die Plagen dieser höchst unerwünschten Örtlichkeit erdulden. Wenn diese äußerste Schale so weit zerfallen ist, um das Entfliehen zu gestatten, geht der Mensch zur nächsten Stufe der Astralwelt über, oder vielleicht ist es richtiger und genauer zu sagen, er wird befähigt, in Berührung mit den Schwingungen der nächsten Unterebene der astralen Materie zu kommen, so dass es ihm scheint, er sei in einer anderen Region. Dort bleibt er, bis die Schale der sechsten Unterebene sich verbraucht hat und ihm den Übertritt zur fünften erlaubt, wobei die Dauer seines Aufenthalts auf jeder Unterebene sich nach der Stärke derjenigen Teile seines Astralkörpers richtet, die dieser Unterebene entsprechen. Je größer also die Menge der gröberen Arten der Materie, desto länger der Aufenthalt auf den niederen *Kamaloka*-Stufen. Je mehr wir von diesen Elementen hier loswerden können, desto kürzer wird die Verzögerung jenseits des Todes sein.

Selbst da, wo die gröbere Materie nicht vollständig entfernt ist – es ist ein langer und schwieriger Prozess zu dieser vollständigen Ausmerzung nötig –, kann das Bewusstsein während des Erdenlebens von den niederen Leidenschaften so vollständig abgezogen werden, dass die Materie, durch welche sie Ausdruck finden könnten, praktisch aufhört, als Träger des Bewusstseins zu funktionieren. Sie verkümmert dadurch, um einen physischen Vergleich heranzuziehen. In einem solchen Fall wird der Mensch zwar eine kurze Zeit auf den niederen Stufen zurückgehalten, aber er wird währenddessen friedvoll schlafen und keine der unangenehmen Begleiterscheinungen empfinden. Da sein Bewusstsein aufgehört hat, durch solcher Art Materie Ausdruck zu suchen, wird es sich nicht durch sie nach außen wenden, um mit Gegenständen in der astralen Welt in Berührung zu kommen, die sich aus ihr zusammensetzen.

Der Durchgang eines Menschen durch *Kamaloka*, der den Astralkörper so gereinigt hat, dass er in ihm nur die reinsten und feinsten Elemente jeder Unterebene zurückbehalten hat, – solche, die sofort in die nächsthöhere Unterebene übergehen, wenn man sie um eine weitere Stufe heben würde – erfolgt tatsächlich sehr rasch. Es gibt einen Punkt zwischen je zwei Aggregatzuständen der Materie, der als kritischer Punkt bekannt ist. Die Temperatur von Eis kann so bis zu einem Punkt angehoben werden, bei dem die geringste Erhöhung der Wärme es in den flüssigen Zustand überführt. Wasser kann zu einem Punkt gebracht werden, bei welchem die nächste Erhöhung es in Dampf verwandelt. So kann jeder Aggregatzustand der Astralmaterie zu einem Punkt der Freiheit gebracht werden, an dem jede hinzukommende Verfeinerung ihn in den nächsten Aggregatzustand überführt. Wenn dies bei jedem Aggregatzustand der Materie im Astralkörper geschehen ist, wenn sie bis zum höchstmöglichen Grad der Zartheit gereinigt ist, dann wird der Durchgang durch *Kamaloka* von unbegreiflicher Geschwindigkeit sein, und der Mensch wird ihn auf seinem Flug in erhabenere Sphären ungehemmt blitzartig durcheilen.

Noch eine andere wichtige Sache gibt es in Verbindung mit der Reinigung des Astralkörpers durch physische und geistige Prozesse. Das ist die Wirkung solcher Reinigung auf den neuen Astralkörper, der zur gegebenen Zeit zum Gebrauch in der nächstfolgenden Wiederverkörperung gebildet werden wird. Wenn der Mensch aus *Kamaloka* ins *Devachan* (die Himmelswelt) übergeht, kann er keine Gedankenformen üblen Charakters dorthin mit sich nehmen. Astralmaterie kann auf der *Devachan*-Ebene nicht existieren, und *Devachan*-Materie kann auf die rohen Schwingungen von schlechten Leidenschaften und Begierden nicht reagieren. Infolgedessen ist alles, was der Mensch mitbringen kann, wenn er schließlich die Überbleibsel des Astralkörpers abschüttelt, latente Keime oder Neigungen, die sich als böse Gedanken und Leidenschaften in der astralen Welt manifestieren können, wenn sie geeignete Nahrung und Gelegenheit finden. Diese Keime und Neigungen aber nimmt er mit, und sie bleiben während der ganzen Zeit seines *Devachan*-Lebens latent. Wenn er zu einer neuen Geburt zurückkehrt, so bringt er diese mit sich zurück und wirft sie nach außen. Sie ziehen durch eine Art magnetische Affinität aus der astralen Welt die entsprechende Materie zu ihrer Manifestation an sich und kleiden sich in astrale Materie, die ihrer eigenen Natur ähnlich ist. Sie bilden so Teile des Astralkörpers des betreffenden Menschen für die bevorstehende Verkörperung.

So leben wir nicht nur jetzt in einem Astralkörper, sondern wir gestalten auch den Charakter jenes Astralkörpers, der bei der nächsten Geburt der unsere sein wird. Ein Grund mehr, den jetzigen aufs Äußerste zu reinigen und unsere jetzige Kenntnis zur Sicherung des zukünftigen Fortschritts zu benutzen; denn alle unsere Leben sind miteinander verbunden, und keines von ihnen kann herausgelöst werden, weder von denen, die hinter uns sind, noch von denen, die vor uns liegen. In Wirklichkeit haben wir nur *ein* Leben, innerhalb dessen das, was wir *Leben* nennen, eigentlich nur Tage sind. Wir beginnen nie ein neues Leben mit einem reinen Blatt, um darauf eine ganz neue Geschichte zu schreiben. Wir beginnen nur ein neues Kapitel, das die alte Handlung weiterentwickeln muss. Wir können von karmischen Verpflichtungen eines vorangegangen Lebens ebenso wenig dadurch loskommen, dass wir den Tod durchschreiten, wie wir von den pekuniären Verpflichtungen, die wir an einem Tage eingegangen sind, dadurch loskommen können, dass wir eine Nacht schlafen. Wenn wir heute eine Schuld eingehen, so sind wir morgen nicht frei davon, sondern die Forderung wird so lange präsentiert werden, bis sie bezahlt ist. Das Leben des Menschen ist fortlaufend und ununterbrochen. Die Erdenleben sind miteinander verknüpft, sie sind nicht isoliert.

Der Prozess der Reinigung und Entwicklung ist auch fortlaufend und muss durch viele aufeinanderfolgende Erdenleben hindurch weitergeführt werden. Früher oder später muss jeder von uns einmal die Arbeit beginnen. Früher oder später wird jeder einmal den Freuden niederer Natur überdrüssig, überdrüssig der Unterwerfung unter das Tier, überdrüssig der Tyrannei der Sinne. Dann wird der Mensch nicht länger mit dem Zwang einverstanden sein, sondern wird sich entschließen, die Fesseln der Knechtschaft zu sprengen. Weshalb sollten wir denn unsere Knechtschaft verlängern, wenn es in unserer Macht steht, sie in jedem Augenblick zu brechen? Keine Hand kann uns binden außer unserer eigenen, und keine Hand kann uns freimachen außer unserer eigenen.

Wir haben das Recht der Wahl, die Freiheit des Willens. Da wir doch eines Tages in der höheren Welt alle zusammenstehen werden, weshalb sollten wir nicht sofort beginnen, unsere Fesseln zu brechen und unser göttliches Recht zu fordern? Der Anfang des Rüttelns an den Ketten zum Erringen der Freiheit ist der Augenblick, in dem ein Mensch beschließt, die niedere Natur zum Diener der höheren zu machen. Er will hier, auf der Ebene des physischen Bewusstseins, anfangen, die höheren Körper auszubilden, und will versuchen, jene höheren Möglichkeiten zu verwirklichen, die nach göttlichem Recht die seinen sind und nur durch das Tier, in dem er lebt, verdunkelt werden.

III. DIE MENTALKÖRPER

Wir haben nun ziemlich eingehend den physischen und den astralen Körper des Menschen untersucht. Wir haben gesehen, wie der physische mit seinem sichtbaren und seinem unsichtbaren Teil auf der physischen Ebene wirkt. Wir haben die verschiedenen Richtungen seiner Tätigkeit verfolgt, die Natur seines Wachstums untersucht und uns mit seiner allmählichen Reinigung befasst. Dann haben wir den Astralkörper in ähnlicher Weise betrachtet, sein Wachstum und seine Funktionen gezeigt, die Phänomene behandelt, die mit dessen Betätigung auf der astralen Ebene zusammenhängen, und ebenso dessen Reinigung. So haben wir eine Vorstellung von der menschlichen Tätigkeit auf zweien von den sieben großen Ebenen unseres Universums gewonnen.

Nunmehr können wir zu der dritten großen Ebene übergehen, zu der Welt des Verstandes. Wenn wir auch in diese etwas nähere Einsicht erlangt haben, so werden wir die physische, die astrale und die mentale Welt kennengelernt haben, unseren Erdball und die zwei ihn umgebenden Sphären, also eine dreifache Region, in welcher der Mensch sich sowohl während seiner irdischen Verkörperungen betätigt als auch während der Perioden zwischen dem Tod, welcher ein Erdenleben abschließt, und der Geburt, welche ein anderes eröffnet.

Diese drei konzentrischen Sphären sind des Menschen Schulhaus und Königreich. In diesen bewirkt er seine Entwicklung, in diesen führt er seine evolutionäre Pilgerfahrt aus. Über diese hinaus kann er mit Bewusstsein nicht schreiten, solange nicht das Tor der Einweihungen sich vor ihm geöffnet hat, denn aus diesen drei Welten hinaus gibt es keinen anderen Weg.

Dieses dritte Reich, welches ich die Mentalwelt genannt habe, begreift dasjenige in sich, was den Theosophen unter dem Namen *Devachan* oder *Devaloka* vertraut ist, das Land der Götter, das glückliche oder das gesegnete Land, wie manche es übersetzen. Devachan trägt diesen Namen wegen seiner Beschaffenheit, da auf diese Welt nichts störend einwirkt, was Pein und Schmerz verursachen könnte. Devachan ist ein besonders behüteter Zustand, in welchen keinem Übel einzutreten gestattet ist. Es ist der selige Ruheplatz des Menschen, wo er in vollem Frieden die Früchte seines physischen Lebens verarbeiten darf.

Es wird zweckmäßig sein, vorerst einige Worte der Erklärung über die Mentalwelt als Ganzes zu sagen, um Verwirrungen zu vermeiden. Während sie, wie die anderen Regionen, in sieben Stufen geteilt ist, hat sie die Eigenart, dass diese sieben in zwei Gruppen zerfallen, eine zu drei, die andere zu vier Stufen. Die drei oberen Unterabteilungen werden wegen ihrer äußersten Zartheit mit dem technischen Ausdruck *Arupa* (körperlos) bezeichnet, während die vier niedrigen *Rupa* (körperhaft) genannt werden.

Der Mensch hat daher zwei Träger des Bewusstseins, in welchen er auf diesen Ebenen funktioniert, auf welche beide der Name Mentalkörper anwendbar ist. Es möge uns jedoch gestattet sein, dem niedrigeren von den beiden, mit welchem wir uns zuerst beschäftigen, allein den ausschließlichen Gebrauch dieses Namens vorzubehalten, so lange bis ein besserer Name für ihn gefunden wird, denn der höhere ist bekannt als der Kausalkörper, aus Gründen, welche später klargemacht werden sollen. Studierenden werden die Unterschiede zwischen dem höheren und dem niederen *Manas* (Denkvermögen) bekannt sein. Der Kausalkörper ist der des höheren Manas, der bleibende Körper des Egos, des eigentlichen Menschen, der Leben nach Leben immer derselbe ist. Der Verstandes- oder Mentalkörper ist der des niederen *Manas*, der nach dem Tod fortbesteht und ins Devachan übergeht, der sich aber auflöst, wenn das Leben auf den Form-Stufen der Himmelswelt vorüber ist.

1. DER VERSTANDES- ODER MENTALKÖRPER

Dieser Träger des Bewusstseins gehört zu den vier niederen Stufen von Devachan und ist aus der Materie derselben geformt. Wenn er auch im Besonderen der Träger des Bewusstseins für diesen Teil der Mentalebene ist, so wirkt er doch auch auf und durch den astralen und physischen Körper bei allen Betätigungen, die wir in unserem gewöhnlichen Wachbewusstsein Betätigungen des Verstandes nennen. In einem unentwickelten Menschen kann er während seines irdischen Lebens tatsächlich allein auf seiner eigenen Ebene nicht als ein unabhängiges Werkzeug des Bewusstseins funktionieren, sondern wenn ein solcher Mensch seine mentalen Fähigkeiten ausübt, müssen sie sich in astrale und materielle Materie kleiden, ehe er ihrer Tätigkeit bewusst werden kann. Der Verstandeskörper ist das Werkzeug des Egos, des Denkers, für die ganze Tätigkeit des vernünftigen Urteilens, aber in seiner frühen Zeit ist er schwach organisiert, ziemlich rudimentär und hilflos, geradeso wie der Astralkörper des unentwickelten Menschen.

Der Stoff, aus dem der Denkkörper besteht, ist außerordentlich fein und zart. Wir haben schon gesehen, dass die Astralmaterie sehr viel weniger dicht ist als selbst der Äther der physischen Ebene. Jetzt müssen wir unseren Begriff von Materie noch mehr erweitern, und zwar so weit, dass wir die Vorstellung auf eine Substanz ausdehnen, welche für den astralen Blick ebenso unsichtbar ist wie für den physischen und viel zu zart, um selbst von den »inneren« Sinnen des Menschen erfasst zu werden. Diese Materie gehört zu der fünften Ebene unseres Universums, wenn wir nach unten, oder der dritten, wenn wir aufwärts zählen. In dieser Materie manifestiert sich das Selbst als Intellekt, wie in der nächst niedrigeren (der astralen) als Empfindung.

Es besteht beim Verstandeskörper eine bezeichnende Eigentümlichkeit, wenn sein äußerer Teil sich in der menschlichen Aura zeigt. Er wächst und nimmt zu an Größe und Aktivität von einer Verkörperung zur anderen im Gleichklang mit dem Wachsen und der Entwicklung des Menschen selbst.

Dies ist eine Eigentümlichkeit, an die wir bisher nicht gewöhnt waren. Ein physischer Körper wird in jeder Verkörperung neu aufgebaut, verschieden nach Nationalität und Geschlecht, aber wir können ihn uns seit den Tagen von Atlantis in weitgehend derselben Größe vorstellen. Im Astralkörper fanden wir eine Steigerung des Grades seiner Organisation mit dem Fortschritt des Menschen. Aber der Verstandeskörper wächst buchstäblich an Größe mit der fortschreitenden Entwicklung des Menschen.

Wenn wir einen sehr unentwickelten Menschen betrachten, so werden wir finden, dass der Verstandeskörper kaum zu erkennen ist, da er so wenig entwickelt ist, dass eine gewisse Sorgfalt nötig ist, um ihn überhaupt zu finden. Prüft man einen fortgeschritteneren Menschen, einen, der zwar noch nicht spirituell ist, aber doch die Fähigkeiten des Verstandes entwickelt sowie den Intellekt geschult und entfaltet hat, dann wird man finden, dass der Verstandeskörper schon eine sehr bestimmte Entwicklung erreicht hat und eine Organisation zeigt, die ihn als Arbeitswerkzeug erkennen lässt. Er ist ein klar und bestimmt konstruiertes Werkzeug, schön in Material und Farbe, fortwährend mit ungeheurer Aktivität vibrierend, voll Leben, voll Kraft, der Ausdruck des Intellekts in der mentalen Welt.

Was seine Natur betrifft, so besteht er aus dieser zarten Materie. Was seine Funktion betrifft, so ist er das unmittelbare Werkzeug, durch das sich das Selbst als Intellekt kundgibt. Was sein Wachstum betrifft, so wächst er Leben auf Leben im Verhältnis zur intellektuellen Entwicklung und wird gleichzeitig immer bestimmter organisiert, da die Gaben und Eigenschaften des Verstandes sich klarer und bestimmter kundgeben. Er wird nicht, wie der Astralkörper, zu einer deutlichen Darstellung der Gestalt und der Züge des Menschen, wenn er mit dem Astralkörper und dem physischen Körper zusammenarbeitet. Er ist oval von Gestalt, durchdringt natürlich den physischen und den astralen Körper und umgibt diese beiden mit seiner strahlenden Atmosphäre, wenn er sich entwickelt. Er wird größer, wenn die Entwicklung des Intellekts voranschreitet.

Es ist nicht nötig hervorzuheben, dass diese eiförmige

Gestalt zu einem sehr schönen und strahlenden Anblick wird, wenn der Mensch höhere Fähigkeiten des Intellekts entwickelt hat. Sie ist dem astralen Schauen nicht sichtbar, aber klar erkennbar dem höheren Blick, welcher der Mentalwelt angehört. Geradeso wie der gewöhnliche Mensch in der physischen Welt nichts von der astralen Welt sieht, obwohl er mitten in ihr lebt, bis seine astralen Sinne geöffnet sind, so wird der Mensch, in welchem nur die physischen und astralen Sinne tätig sind, nichts von der Mentalwelt sehen oder von den Formen, die aus ihrer Materie bestehen, bis die mentalen Sinne geöffnet sind, obwohl diese Welt uns auf allen Seiten umgibt.

Diese feineren Sinne, die Sinne, die der Mentalwelt angehören, unterscheiden sich sehr von den Sinnen, mit denen wir hier vertraut sind. Schon das Wort Sinne ist tatsächlich eine unrichtige Bezeichnung. Wir sollten eher sagen: der mentale S i n n. Der Verstand kommt sozusagen auf seiner ganzen Oberfläche mit Dingen seiner eigenen Welt in Berührung. Es gibt da keine eigenen Organe zum Sehen, Hören, Schmecken, Riechen und Tasten. Jene Schwingungen, die wir hier durch besondere Sinnesorgane entgegennehmen müssen, rufen in dieser Region alle Merkmale auf einmal hervor, sobald sie mit dem Verstand in Berührung kommen. Der Verstandeskörper nimmt sie alle zur gleichen Zeit entgegen, und alles, was überhaupt befähigt ist, einen Eindruck auf ihn zu machen, wird ihm sozusagen überall zugleich bewusst.

Es ist nicht leicht, in Worten eine klare Vorstellung von der Art und Weise zu geben, auf welche dieser Sinn eine Menge von Eindrücken ohne Verwirrung empfängt. Man kann es vielleicht am besten beschreiben, indem man sagt: Wenn ein geschulter Forscher sich in diese Region begibt und sich dort mit einem anderen Forscher unterhält, so drückt sich der Verstand beim Sprechen zugleich durch Farbe, Ton und Form aus, so dass der vollständige Gedanke als farbiges und musikalisches Bild übertragen wird, anstatt nur einzelne Bruchteile von ihm zu zeigen, wie es hier durch die Symbole geschieht, die wir Worte nennen.

Einige Leser haben vielleicht von alten Büchern vernommen, die von hohen Eingeweihten in Farbensprache geschrieben sind, der Sprache der Götter. Diese Sprache ist vielen Schülern bekannt, und sie ist, soweit es Form und Farbe betrifft, der »Sprache« der Verstandeswelt entnommen, in der die Schwingungen eines einzelnen Gedankens Form, Farbe und Ton hervorrufen.

Die Sache liegt nicht so, dass der Verstand eine Farbe, einen Ton oder eine Form denkt. Er denkt einen Gedanken, eine komplizierte Schwingung in feiner Materie, und dieser Gedanke drückt sich durch die hervorgerufenen Schwingungen in dieser vielfältigen Weise aus und bringt alle diese Wirkungen hervor. Die Materie der Gedankenwelt wird fortwährend in Schwingungen versetzt, deren Folge diese Farbe, diese Töne, diese Formen sind. Wenn ein Mensch im Verstandeskörper, losgetrennt vom astralen und physischen Körper, funktioniert, so findet er sich von den Beschränkungen der Sinnesorgane derselben vollständig befreit. Er ist an allen Punkten empfänglich für jede Schwingung, die ihm in der niederen Welt einzeln, getrennt und jede verschieden von den übrigen zum Bewusstsein kommen würde.

Wenn jedoch ein Mensch im wachen Bewusstsein denkt und sich durch seinen astralen und physischen Körper betätigt, dann hat der Gedanke seinen Ursprung im Verstandeskörper, und er tritt von dort zuerst in den Astral- und dann in den physischen Körper ein. Wenn wir denken, so denken wir mittels unseres Verstandeskörpers. Er ist der Urheber des Denkens, jenes Bewusstseins, das sich als »Ich« ausdrückt. Das »Ich« ist illusorisch, aber es ist das einzige »Ich«, das die meisten von uns kennen.

Als wir das Bewusstsein des physischen Körpers betrachteten, fanden wir, dass der Mensch sich nicht alles dessen bewusst wird, was im physischen Körper selbst vorgeht. Er hat auf einen Teil von dessen Funktionen keinen Einfluss. Es ist ihm nicht möglich zu denken, wie die winzigen einzelnen Zellen denken, da er an dem Bewusstsein des Körpers als Ganzem nicht wirklich teilnimmt. Aber kommen wir zum Verstandeskörper, so kommen wir in einen Bereich, der so eng mit dem Menschen identifiziert ist, dass es der Mensch selbst zu sein scheint: »Ich denke«, »Ich weiß«. Können wir hinter dieses Konzept noch weiter vordringen? Der Verstand ist das »Selbst« im Verstandeskörper. Für die meisten von uns, die das Selbst zu erforschen trachten, scheint er das Endziel zu sein.

Aber das ist nur wahr, wenn wir auf das wache Bewusstsein beschränkt sind. Jeder, der erfahren hat, dass das wache Bewusstsein, wie die Empfindungen des Astralkörpers, nur eine Station der Reise sind, auf der wir das Selbst suchen, und wer ferner gelernt hat, darüber hinauszugehen, wird gewahr, dass auch der Mentalkörper nur ein Werkzeug des wirklichen Menschen ist. Die meisten von uns können jedoch in ihrer Vorstellung den Menschen nicht von seinem Denkkörper trennen. Ihnen scheint er sein höchster Ausdruck zu sein, sein höchster Träger, das höchste Selbst, das sie nur irgend erreichen oder sich vorstellen können. Dies ist umso natürlicher und unausbleiblicher, als das Individuum, der Mensch, auf dieser Stufe der Evolution gerade anfängt, diesen Körper zu beleben und ihn in Tätigkeit zu versetzen. Er hat in der Vergangenheit den physischen Körper als Träger des Bewusstseins belebt, und er benützt ihn gegenwärtig mit Selbstverständlichkeit. Bei den zurückgebliebeneren Teilen der Menschheit belebt er jetzt den Astralkörper, aber bei einer großen Zahl von Menschen ist diese Arbeit zumindest zum Teil schon vollbracht. In unserer Zeit arbeitet der Mensch am Mentalkörper, und die spezielle Aufgabe, der sich die Menschheit jetzt widmen sollte, ist die Ausbildung, die Entwicklung dieses Körpers.

Es ist daher für uns sehr wichtig zu verstehen, wie der Verstandeskörper gebaut ist und wie er wächst. Er wächst durch Denken. Unsere Gedanken sind das Material, das wir in diesen Verstandeskörper hineinbauen. Durch die Übung unserer mentalen Fähigkeiten, durch die Entwicklung unserer künstlerischen Kräfte und unserer höheren Gefühle bauen wir buchstäblich unseren Verstandeskörper aus. Tag für Tag, Monat für Monat, Jahr für Jahr unseres Lebens. Wenn man seine intellektuellen Anlagen nicht übt, wenn man in Bezug auf Gedanken nur ein Aufnahmebehälter und kein Schöpfer ist, wenn man fortwährend nur von außen empfängt, anstatt von innen zu gestalten, wenn während des ganzen Lebens die Gedanken anderer Leute den Verstand erfüllen, wenn dies alles ist, was man von Gedanken und vom Denken kennt, dann kann der Verstandeskörper nicht wachsen, dann kehrt der Mensch Leben um Leben ebenso zurück, wie er hinausgegangen ist. Leben um Leben bleibt er ein unentwickeltes Individuum; denn nur durch die Übung des Verstandes selbst, durch den schöpferischen Gebrauch seiner Fähigkeiten, durch ihre Anwendung, durch Arbeiten mit ihnen, durch fortwährende Betätigung derselben – nur dadurch kann der Verstandeskörper vorankommen und die wahre menschliche Entwicklung vorwärtsschreiten.

In demselben Augenblick, in welchem man dies einsieht, wird man wahrscheinlich versuchen, das allgemeine Verhalten seines Bewusstseins im täglichen Leben zu ändern. Man wird anfangen, seine Tätigkeit zu beobachten, und sobald man dies tut, wird man merken, dass, wie eben erwähnt, ein großer Teil des Denkens gar nicht eigenes Denken ist, sondern nur die Aufnahme von Gedanken anderer Leute: Gedanken, von denen man nicht weiß, woher sie kommen. Gedanken, die sich einstellen, man weiß nicht wieso. Gedanken, welche wieder verschwinden, man weiß nicht, wohin. Man wird dann empfinden, wahrscheinlich mit Kummer und Enttäuschung, dass der eigene Verstand, anstatt hoch entwickelt zu sein, kaum mehr ist als ein Ort, durch den Gedanken ziehen. Man prüfe sich und erkenne, wie viel von dem Inhalt des Bewusstseins etwas Eigenes ist und wie viel davon aus Beiträgen von außen besteht. Man halte spontan während des Tages den Gedankenprozess an und überprüfe, womit er befasst ist. Bei einem solchen plötzlichen Halt wird man wahrscheinlich herausfinden, dass man entweder an gar nichts denkt – eine sehr gewöhnliche Erfahrung – oder so unbestimmt denkt, dass es nur einen sehr schwachen Einfluss auf all das ausüben kann, was man wagen kann, seinen Verstand zu nennen. Wenn man das viele Male versucht hat und dadurch mehr seiner selbst bewusst geworden ist als vorher, dann fange man an, die Gedanken anzusehen, die man in seinem Intellekt antrifft, und man untersuche, welcher Unterschied in dem Zustand bei ihrem Eintritt in diesen Intellekt und bei ihrem Austritt besteht. So findet man heraus, was man während ihres Aufenthaltes hinzugefügt hat.

Auf diesem Wege wird der Verstandeskörper wirklich aktiv und vermag seine schöpferische Kraft auszuüben. Wenn man klug ist, wird man etwa folgende Methode anwenden: Zuerst wird man die Gedanken auswählen, denen man gestatten will, überhaupt zu verweilen. Jedes Mal, wenn man in seinem Verstand einen Gedanken findet, den man für gut hält, wird man ihm nachgehen, ihn nähren, ihn verstärken und versuchen, mehr in ihn hineinzulegen, als zuerst in ihm war, und ihn dann als einen wohltätigen Faktor in die Astralwelt aussenden. Wenn man im Intellekt aber einen Gedanken findet, der schlecht zu sein scheint, so wird man ihn mit höchster Geschwindigkeit aussondern. Wenn man so alle guten und nützlichen Gedanken willkommen heißt und den üblen Gedanken den Eintritt verweigert, wird man bald feststellen, dass folgendes Resultat eintritt: Mehr und mehr gute Gedanken werden von außen einfließen und immer weniger üble Gedanken Zugang finden. Die Folge des Erfüllens des Intellekts mit guten und nützlichen Gedanken wird die sein, dass er wie ein Magnet auf alle ähnlichen Gedanken in der Umgebung wirkt. Wenn man sich weigert, bösen Gedanken irgendwelchen Aufenthalt zu gewähren, dann werden solche, die sich nähern sollten, durch eine automatische Tätigkeit des Verstandes selbst zurückgewiesen. Der Verstandeskörpers wird die Eigentümlichkeit annehmen, alle guten Gedanken von der umgebenden Atmosphäre anzuziehen und alle üblen Gedanken abzustoßen. Er wird auf die guten wirken, sie aktiver machen und so fortwährend eine Masse mentalen Materials sammeln, das seinen Inhalt bilden und Jahr um Jahr zunehmen wird.

Wenn die Zeit kommt, wo der Mensch den astralen und physischen Körper schließlich abschüttelt und in die Gedankenwelt hinübergeht, wird er dieses ganze aufgesammelte Material mit sich tragen. Er wird den Inhalt seines Bewusstseins in die Region mitnehmen, zu der er eigentlich gehört. Er wird sein Leben im Devachan dazu benutzen, den ganzen Vorrat an Material, welchen er geborgen hat, in Fähigkeiten und Kräfte umzuarbeiten.

Am Ende der Devachan-Periode wird der Verstandeskörper dem dauernden Kausalkörper die so gewonnenen Charakterzüge überantworten, damit sie auf die nächste Verkörperung übertragen werden. Diese Fähigkeiten werden sich, wenn der Mensch zurückkehrt, in die Materie der Form-Ebenen der Mentalwelt kleiden und damit den höher organisierten und entwickelten Verstandeskörper für das kommende Erdenleben bilden. Sie werden sich dann durch Vermittlung des astralen und physischen Körpers als »angeborene Fähigkeiten« zeigen, die das Kind »mit auf die Welt bringt«.

Während des gegenwärtigen Lebens sammeln wir Material in der Weise, wie ich es skizziert habe. Während des Devachan-Lebens verarbeiten wir dieses Material, indem wir die einzelnen Gedankenanstrengungen in Denkkraft und intellektuelle Anlagen verwandeln. Das ist die großartige Verwandlung, die während des Lebens im Devachan vor sich geht. Da diese durch den Gebrauch, den wir vom Erdenleben gemacht haben, begrenzt ist, so tun wir gut daran, hier keine Anstrengung zu sparen. Der Verstandeskörper der nächsten Verkörperung hängt von der Arbeit ab, die wir in dem Verstandeskörper der jetzigen geleistet haben. Hieraus ergibt sich, wie unermesslich wichtig es für die Entwicklung des Menschen ist, welchen Gebrauch er jetzt von seinem Verstandeskörper macht. Er prägt die Tätigkeit im Devachan, und indem er diese Tätigkeit wahrnimmt, bestimmt er die intellektuellen Eigenschaften, mit denen der Mensch das nächste Mal auf die Erde zurückkehrt. Wir können nicht ein Leben vom anderen isolieren oder durch Wunder etwas aus Nichts erschaffen. Karma bringt die Ernte. Je nach dem, was wir gesät haben, ist der Ertrag kümmerlich oder reichlich. Entsprechend der Aussaat und Beackerung wird die Ernte ausfallen.

Die oben erwähnte automatische Tätigkeit des Verstandeskörpers wird vielleicht verständlicher, wenn wir die Natur des Materials betrachten, das er zu seinem Aufbau heranzieht. Der Universal-Intellekt, welchem er seiner innersten Natur nach angehört, ist in seinem materiellen Aspekt das Vorratshaus, aus dem er dieses Material bezieht. Darin gehen alle Arten von Schwingungen vor sich, verschieden in Eigenart und Stärke je nach den jeweiligen Kombinationen. Der Verstandeskörper zieht automatisch aus dem Vorratshaus Materie an sich, welche die schon vorhandenen Kombinationen aufrechterhalten kann, denn es findet im Verstandeskörper ebenso eine fortwährende Auswechslung von Teilchen statt wie im physischen, und der Platz der austretenden wird von ähnlichen eintretenden Teilchen eingenommen.

Findet der Mensch, dass er böse Neigungen hat, und macht er sich daran, sie zu bekämpfen, so ruft er eine neue Reihe von Schwingungen hervor, und der Verstandeskörper, der so zusammengesetzt ist, dass er den früheren Schwingungen entspricht, widerstrebt dann den neuen, und es entsteht Kampf und damit Leid. Aber schrittweise, sobald die älteren Partikel ausgeworfen und durch andere ersetzt werden, die den neuen Schwingungen entsprechen – Partikel, die eben vermöge dieser Reaktionsfähigkeiten von außen angezogen wurden –, ändert er seinen Charakter. Er ändert tatsächlich sein Material, und seine Schwingungen werden abstoßend gegen das Böse und anziehend für das Gute. Daher die große Schwierigkeit der ersten Anstrengungen, da ihnen die alte Gestaltung des Verstandeskörpers entgegensteht und sie bekämpft. Daher die wachsende Leichtigkeit, richtig zu denken, wenn die frühere Gestaltung sich ändert, und endlich die Spontaneität und das Vergnügen der neuen Tätigkeit.

Ein anderer Weg, das Wachsen des Verstandeskörpers zu fördern, ist die Übung der Konzentration, also das Fixieren des Denkens und das Festhalten desselben auf einem Punkt. Es gilt, den Gedanken nicht zu erlauben, umherzuschweifen oder zu wandern.

Wir sollten uns schulen im stetigen und folgerichtigen Denken und unserem Intellekt weder erlauben, plötzlich von einem Gegenstand zum anderen zu springen, noch seine Kraft durch eine Unzahl unwesentlicher Gedanken zu zersplittern. Es ist eine gute Übung beim Nachdenken, eine konsequente Linie zu verfolgen, in welcher ein Gedanke auf natürliche Weise aus den vorhergehenden entspringt, und so in uns selbst die intellektuellen Eigenschaften zu entwickeln, welche unsere Gedanken folgerichtig und essenziell vernünftig machen. Wenn der Verstand so arbeitet und ein Gedanke dem anderen Gedanken in bestimmter und ordnungsgemäßer Weise folgt, dann kräftigt er sich als Werkzeug, das zur Betätigung des wahren Selbst in der Gedankenwelt dient. Durch diese Entwicklung der Kraft zum konzentrierten und folgerichtigen Denken erhält der Denkkörper klarere und bestimmtere Umrisse. Er wächst in rasch zunehmendem Maße und zeigt Stetigkeit und Gleichgewicht, und unsere Anstrengungen machen sich durch den Fortschritt, der aus ihnen erwächst, gut bezahlt.

2. DER KAUSALKÖRPER

Lassen Sie uns nun zu dem zweiten Verstandeskörper übergehen, der unter seinem besonderen Namen *Kausalkörper* bekannt ist.

Dieser Name ist ihm gegeben worden, weil alle Ursachen in diesem Körper wohnen, welche sich auf den niederen Ebenen als Wirkungen kundgeben. Dieser Körper ist der »Körper des Manas«, der Formaspekt der Individualität, des eigentlichen Menschen. Er ist das Behältnis, das Lagerhaus, in welchem alle Schätze des Menschen für alle Ewigkeit angesammelt werden, und er nimmt zu in dem Maße, wie die niedere Natur ihm mehr und mehr an Dingen emporreicht, die würdig sind, bei seinem Aufbau verwandt zu werden. In den Kausalkörper wird alles das hineinverwoben, was Dauer hat, und in ihm sammeln sich die Keime aller Eigenschaften, die zur nächsten Verkörperung übertragen werden sollen. So hängen die niederen Manifestationen völlig von dem Wachstum und der Entwicklung dieses »Menschen« ab, »für welchen die Stunde nimmer schlägt«.

Er ist die Signatur für das Wachsen des Menschen, das Zeichen, wie weit seine Entwicklung gediehen ist. Kein großer und edler Gedanke, keine reine und erhabene Empfindung gehen verloren; alle werden als Material zu seinem Bau benutzt.

Nehmen wir das Leben eines gewöhnlichen Menschen und untersuchen wir, wie viel von diesem Leben zu Baumaterial des Kausalkörpers reifen wird, und stellen wir uns ihn bildlich als zartes Häutchen vor. Er muss gekräftigt werden, schöner in der Farbe, lebhafter und aktiver sowie strahlender und glänzender. Er muss wachsen an Größe, wenn der Mensch wächst und sich entwickelt. Auf einer niederen Stufe der Entwicklung zeigt der Mensch nicht viel intellektuelle Eigenschaften, sondern gibt mehr Leidenschaft, mehr Begierde kund. Er empfindet Erregungen, sucht solche und strebt daher nach derartigen Dingen.

Es ist, also ob das innere Leben des Menschen etwas von der feinen Materie ausstrahlte, aus der es zusammengesetzt ist, und dass der Verstandeskörper sich um diese herum ansammele, dann in die astrale Welt vordringe und dort mit dem Astralkörper in Berührung komme und sich mit ihm verbinde, so dass sich eine Brücke bildet, auf der sich alles Gesetzmäßige abspielt. Der Mensch schickt seine Gedanken über diese Brücke in die Welt der Empfindungen, der Leidenschaften, des animalischen Lebens, und die Gedanken mischen sich mit all diesen tierischen Leidenschaften und Erregungen. So wird der Verstandeskörper mit dem Astralkörper verstrickt, und sie hängen eng miteinander zusammen und sind schwer zu trennen, wenn die Zeit des Todes kommt.

Aber wenn der Mensch während des Lebens, das er in diesen niederen Regionen verbringt, einen selbstlosen Gedanken denkt, einen Gedanken des Dienstes für jemanden, den er liebt, oder wenn er irgendein Opfer bringt, um seinen Freunden zu nützen, dann hat er etwas ins Dasein gerufen, was dauern kann, etwas, das leben kann, etwas, das seiner Natur nach der höheren Welt angehört. Das kann nach oben zum Kausalkörper gelangen und in seine Substanz eingearbeitet werden. Das macht diesen schöner und gibt ihm vielleicht den ersten Anstoß zu deutlicher Färbung.

Vielleicht gibt es während des ganzen Lebens eines Menschen nur wenige von diesen Dingen, welche fähig sind, zu dauern und als Nahrung zu dienen für das Wachstum des eigentlichen Menschen. Daher ist dieses Wachstum nur sehr langsam, denn sein ganzes übriges Leben hilft ihm nichts. Alle seine bösen, aus Unkenntnis entstandenen, durch Gewohnheit und Übung genährten Neigungen ziehen ihren Keim nach innen und werden latent, wenn der Astralkörper, der ihnen Zuflucht und Gestalt gab, sich in der astralen Welt auflöst. Sie werden nach innen in den Verstandeskörper gezogen und ruhen dort latent, da ihnen in der Devachan-Welt die Materie zur Betätigung fehlt. Wenn der Verstandeskörper seinerseits vergeht, werden sie in den Kausalkörper hineingezogen und ruhen dort ebenfalls latent, denn ihre Belebung ist vorübergehend unterbrochen. Sie werden wieder nach außen geworfen, wenn das Ego zum Erdenleben zurückkehrt und die Astralwelt erreicht. Sie erscheinen dort als aus der Vergangenheit mitgebrachte üble Anlagen wieder. So kann der Kausalkörper als das Lagerhaus sowohl des Bösen als auch des Guten bezeichnet werden, aber das Gute wird in seinen Bau eingearbeitet und unterstützt sein Wachstum.

Das Böse, das ein Mensch im Leben tut, fügt dem Kausalkörper, sofern er sein Denken mit hineinlegt, mehr Schaden zu, als bloß als Keim künftiger Sünde und künftigen Leides in ihm zu ruhen. Es ist nicht nur so, dass das Böse dem Wachstum des wahren Menschen nicht hilft, sondern wo es dauernd verborgen ist, da zieht es, wenn dieser Ausdruck gestattet ist, sozusagen etwas von dem eigentlichen Menschen fort. Wo Laster andauert, wo fortgesetzt dem Bösen gefolgt wird, da wird der Verstandeskörper so stark mit dem Astralkörper verknüpft, dass er sich nach dem Tod nicht ganz von ihm loslösen kann. Etwas von seiner eigentlichen Substanz wird aus ihm herausgerissen, und wenn der Astralkörper sich auflöst, kehrt dieser Teil in die Mentalmaterie der Verstandeswelt zurück und ist für das Individuum verloren. Wenn wir wieder an unser Bild eines Häutchens oder einer Blase denken, dann wird diese durch lasterhaftes Leben in gewissem Maß geschwächt – es wird nicht nur ihr Fortschritt verzögert, sondern es wird etwas an ihr verändert, was es in Zukunft schwieriger macht, etwas in sie hineinzubauen. Es ist, als ob das Häutchen in seiner Wachstumsfähigkeit beeinträchtigt würde, so dass es steril wird und verkümmert. In gewöhnlichen Fällen geht aber der Schaden, der dem Kausalkörper zugefügt wird, nicht darüber hinaus.

Wo das Ego dem Intellekt und dem Willen nach stark geworden ist, ohne dass zugleich auch die Selbstlosigkeit und die Liebe zugenommen haben, wo es sich um seinen eigenen besonderen Mittelpunkt zusammenzieht, anstatt beim Wachsen sich auszubreiten, wenn es einen Wall der Selbstsucht um sich herum aufwirft und seine sich entwickelnden Kräfte für das »Ich« benützt, anstatt für alle, dort tritt die von so vielen Schriften erwähnte Möglichkeit des gefährlichen und tief wirkenden Übels ein, dass das Ego sich bewusst im Gegensatz zum Gesetz stellt und absichtlich gegen die Entwicklung kämpft.

Dann zeigt der Kausalkörper selbst unter der Beeinflussung der Schwingungen des Intellekts und des Willens auf der Mentalebene, die beide auf egoistische Zwecke gerichtet sind, die dunklen Töne, die aus der Selbstsucht entstehen, und er verliert den blendenden Glanz, der sonst seine charakteristische Eigenschaft bildet. Ein solcher Schaden kann nicht von einem kümmerlich entwickelten Ego oder durch gewöhnliche Fehler leidenschaftlicher oder intellektueller Art verursacht werden. Um solch ein weitreichendes Unheil anzurichten, muss das Ego hoch entwickelt sein und machtvolle Kräfte auf der Mentalebene besitzen. Daher kommt es, dass der Ehrgeiz, der Stolz und die Kräfte des Intellekts, falls sie zu selbstsüchtigen Zwecken benutzt werden, in ihren Wirkungen so viel gefährlicher, so viel tödlicher sind als die bemerkbareren, auffälligeren Fehler der niederen Natur. Der »Pharisäer« ist oft weiter vom »Reich Gottes« entfernt als »der Zöllner und Sünder«.

In dieser Richtung entwickelt sich der »schwarze Magier«, der Mensch, der die Leidenschaften und Begierden überwindet, den Willen und die höheren Kräfte des Geistes ausbildet, nicht um sie freudig bei der Entwicklung des Ganzen zur Verfügung zu stellen, sondern um so viel, wie er vermag, für sich allein zu erringen, um alles zu behalten und nichts zu teilen. Solche Menschen streben danach, die Absonderung von den Mitmenschen aufrechtzuerhalten, anstatt die Vereinigung zu suchen. Sie arbeiten, um die Entwicklung zu verzögern, anstatt sie zu beschleunigen. Daher schwingen sie in Disharmonie mit dem Ganzen anstatt im Einklang, und sie befinden sich in der Gefahr jenes Auseinanderreißens ihres Egos, welches den Verlust aller Früchte der Entwicklung bedeutet.

Wir alle, die wir beginnen, etwas vom Kausalkörper zu verstehen, können seine Entwicklung zum entscheidenden Zweck unseres Lebens machen. Wir können uns anstrengen, selbstlos zu denken und so zu seinem Wachstum und seiner Lebenskräftigung beizutragen. Leben nach Leben, Jahrhundert nach Jahrhundert, Jahrtausend nach Jahrtausend schreitet diese Entwicklung der Individualität fort. Indem wir ihr Wachsen durch bewusste Anstrengung unterstützen, arbeiten wir im Einklang mit dem göttlichen Willen und erfüllen den Zweck, zu welchem wir hier sind. Nichts von dem Guten, das einmal in das Gewebe dieses Kausalkörpers hineingewoben ist, geht jemals verloren oder trennt sich für immer von ihm; denn er ist der Mensch, der ewig lebt.

So sehen wir, dass durch das Gesetz der Entwicklung jedes Übel, so stark es zurzeit auch erscheinen mag, in sich den Keim der eigenen Zerstörung trägt, während jedes Gute in sich die Samen der Unsterblichkeit birgt. Das Geheimnis hiervon liegt in der Tatsache, dass jedes Übel disharmonisch ist und im Gegensatz zum kosmischen Gesetz steht. Es wird also früher oder später durch das Gesetz zerbrochen, in Stücke geschlagen, in Staub aufgelöst. Jedes Gute andererseits schwingt in Harmonie mit dem Gesetz und wird von ihm mitgeführt und weitergetragen. Es wird ein Teil des Stromes der Evolution, und daher kann es nie untergehen, kann niemals zerstört werden. Hierin liegt nicht nur die Hoffnung des Menschen, sondern die Gewissheit seines endlichen Triumphes. Wenn auch noch so langsam, es geht doch voran. Wenn der Weg auch noch so weit ist, ein Ende hat er doch.

Die Individualität, die unser Selbst ist, entwickelt sich und kann nicht gänzlich vernichtet werden. Selbst wenn vielleicht durch unsere Torheit unser Fortschritt langsamer ist, als es nötig wäre, so bleibt dennoch alles, was wir zu ihm beitragen, so wenig es auch sein mag, in ihm doch für ewig erhalten und bleibt unser Eigentum für alle Zeiten.

IV. ANDERE BEWUSSTSEINSTRÄGER

1. DER SPIRITUELLE KÖRPER (BUDDHI)

Wir können noch einen Schritt höher steigen, aber dadurch gelangen wir in eine so erhabene Region, dass wir sie selbst in der Fantasie beinahe nicht betreten können. Der Kausalkörper ist nicht das Höchste, und das »spirituelle Ego« ist nicht Manas, sondern dieses vereinigt oder versenkt in *Buddhi*, dem Weisheits-Geist.

Dies ist der Höhepunkt der menschlichen Entwicklung, das Ende des Kreisens im Rad der Wiedergeburt. Oberhalb der Sphäre, die wir eben behandelt haben, liegt eine noch höhere, manchmal *Turiya* (Erleuchtungs-Geist) oder auch *Sushupti* (Leerheits-Geist) genannt, die Ebene von *Buddhi*.

Auf dieser ist der spirituelle Körper der Träger, der *Anandamaya-Kosha*, der Körper der Seligkeit. In diesen können Yogis übergehen, in ihm die ewige Seligkeit jener herrlichen Welt kosten und in ihrem eigenen Bewusstsein die zugrunde liegende Einheit erleben, die dann für sie zu einer Sache der Erfahrung wird und nicht länger nur ein verstandesmäßiger Glaube bleibt. Es wird uns gelehrt, dass für den Menschen, wenn er an Liebe, Weisheit und Kraft gewachsen ist, eine Zeit kommt, wo er durch ein großes Tor schreitet, das eine bestimmte Stufe in seiner Entwicklung markiert. Dies ist das Tor der Einweihung, und der Mensch, der von seinem Meister hindurchgeführt wird, erhebt sich zum ersten Mal in den spirituellen Körper und erlebt in ihm die Einheit, die aller Verschiedenheit der physischen Welt und all ihrem Gesondertsein zugrunde liegt, ebenso wie dem Gesondertsein, das auch auf der astralen Ebene und selbst noch in der Mentalregion herrscht.

Wenn der Mensch diese Regionen hinter sich gelassen hat und, in den spirituellen Körper gekleidet, über sie emporsteigt, dann sieht er zum ersten Mal aus eigener Erfahrung ein, dass das Gesondertsein nur den drei niederen Welten eigen ist. Er erfährt sich selbst als eins mit allen anderen und kann, ohne sein Selbstbewusstsein zu verlieren, sein Bewusstsein so ausdehnen, dass es das Bewusstsein anderer umfasst und wirklich und wahrhaft eins mit ihnen zu werden vermag.

Dort ist die Einheit, nach welcher der Mensch sich immer sehnt, die Einheit, die er als wahr gefühlt und deren Verwirklichung er auf den niederen Ebenen vergebens versucht hat. Dort ist sie über die höchste Vorstellung hinaus zur Wirklichkeit geworden, und die ganze Menschheit ist dort eins mit seinem innersten Selbst.

2. ZEITWEILIGE KÖRPER

Wir können bei unserer Übersicht über die Körper des Menschen gewisse andere, nur vorübergehende Bewusstseinsträger nicht außer Acht lassen, die ihrem Charakter nach als künstliche bezeichnet werden können.

Ein Mensch, der gelernt hat, aus dem physischen Körper auszutreten, kann den astralen benutzen. Aber solange er sich in diesem bewegt, ist er auf die astrale Welt beschränkt. Es ist ihm jedoch möglich, den Verstandeskörper – den Körper des niederen Denkvermögens – anzuwenden, um in die Mentalregion vorzudringen. In diesem kann er ebenfalls die astrale sowie die physische Ebene ohne Schranken und Hemmnisse durchstreifen. Der so benutzte Körper wird oft der *Mayavi-Rupa*, der Körper der Illusion, genannt. Er ist sozusagen der für eine abgesonderte Tätigkeit umgestaltete Verstandeskörper. Der Mensch formt seinen Verstandeskörper zu einem Abbild seiner selbst, gestaltet ihn nach seinem Bild und seiner Eigenart. Er ist dann in diesem zeitweiligen und künstlichen Körper imstande, die drei Ebenen frei nach seinem Willen zu durchstreifen und sich über die gewöhnlichen Beschränkungen des Menschen zu erheben.

Das ist der künstliche Körper, von dem häufig in esoterischen Büchern die Rede ist, in welchem eine Person von Land zu Land wandern oder auch in die mentale Welt übergehen kann, um dort neue Wahrheiten zu lernen, neue Erfahrungen zu sammeln und die so gesammelten Schätze ins wache Bewusstsein zurückzubringen. Der Vorteil beim Gebrauch dieses höheren Körpers ist, dass er Täuschung und Blendwerk auf der astralen Ebene nicht so unterworfen ist, wie es beim Astralkörper der Fall ist. Die ungeschulten astralen Sinne leiten oft irre, und es bedarf vieler Erfahrung, bevor man ihren Berichten trauen darf. Aber dieser zeitweilig geformte Verstandeskörper ist solchen Täuschungen nicht ausgesetzt. Er sieht mit untrüglichem Schauen, er hört mit feinstem Gehör, und kein astrales Blendwerk kann ihn irreführen, keine astrale Illusion ihn täuschen. Deshalb wird dieser Körper lieber von denen benutzt, die für solches Reisen geschult sind. Er wird hergestellt, wenn er nötig ist, und man lässt ihn wieder los, wenn der Zweck, für den er gemacht wurde, erfüllt ist. So ist es möglich, dass der Schüler oft Lektionen lernt, die er auf andere Weise nicht hätte lernen können, und Lehren empfängt, die ihm sonst gänzlich verschlossen geblieben wären.

Andere zeitweilige Körper sind auch mit dem Namen *Mayavi-Rupa* bezeichnet worden, aber es scheint besser, diese Bezeichnung dem einen eben beschriebenen vorzubehalten. Ein Mensch kann in der Ferne in seinem Körper erscheinen, welcher in Wirklichkeit mehr eine Gedankenform ist als ein Bewusstseinsträger, ein Gedanke, bekleidet mit der Elementalessenz der astralen Ebene. Diese Körper sind in der Regel nur Träger irgendeines einzelnen Gedankens, eines speziellen Wollens. Außerhalb desselben zeigen sie kein Bewusstsein. Sie brauchen nur nebenbei erwähnt zu werden.

3. DIE MENSCHLICHE AURA

Wir sind jetzt in der Lage zu verstehen, was die menschliche Aura im vollsten Sinne eigentlich ist. Es ist der Mensch selbst, wie er sich zu gleicher Zeit und entsprechend der Entwicklung seiner Fähigkeit, sich auf jeder einzelnen Ebene zu betätigen, auf den vier Ebenen des Bewusstseins manifestiert. Sie ist die Zusammenfassung seiner Körper, seiner Träger des Bewusstseins. Man kann sagen, es ist der Form-Aspekt des Menschen. In dieser Weise sollte man die Aura auffassen und nicht als einen bloßen Lichthof oder eine Wolke, die den Menschen umgibt.

Der herrlichste von allen ist der bei Eingeweihten erkennbare spirituelle Körper, durch welchen das lebendige atmische Feuer pulsiert. Das ist die Manifestation des Menschen auf der buddhischen Ebene. Dann kommt der Kausalkörper, seine Manifestation findet in der höchsten Mentalwelt statt, auf den formlosen Stufen der Ebene des Verstandes, der Heimat der Individualität. Es folgt der Verstandeskörper, der zu den niedermentalen Ebenen gehört, und der Reihe nach der Astral-, Äther- und physische Körper, jeder aus der Materie seiner eigenen Region gebildet und den Menschen darstellend, wie er sich in jeder dieser Regionen zeigt.

Wenn der Forscher auf ein menschliches Wesen blickt, so sieht er alle diese Körper, die den Menschen ausmachen und sich nach der verschiedenen Art ihrer Materie unterscheiden. Sie zeigen so die Stufe der Entwicklung an, die der Mensch erreicht hat. Wenn das höhere Sehen entwickelt ist, sieht der Forscher jeden dieser Körper in seiner vollen Tätigkeit. Der physische Körper ist sichtbar als eine Art feste Kristallisation im Mittelpunkt der übrigen Körper. Die anderen durchdringen ihn und dehnen sich über seine äußeren Grenzen hinaus aus, da der physische der kleinste ist. Dann kommt der astrale Körper, der den Zustand der Triebnatur anzeigt, welche einen so großen Teil des gewöhnlichen Menschen bildet, der voller Leidenschaften, niederen Begierden und Empfindungen ist. Dieser Körper ist verschieden in Feinheit und Farbe, je nachdem wie rein der Mensch ist – sehr dicht bei den gröberen Typen, schöner bei den verfeinerteren, am schönsten bei den Menschen, die in der Entwicklung weit vorangekommen sind. Anschließend folgt der Verstandeskörper, kümmerlich entwickelt bei der großen Menge, bei vielen aber sehr schön und sehr verschieden in der Farbe, je nach dem intellektuellen und moralischen Typus. Danach der Kausalkörper, bei den meisten kaum sichtbar, nur bei sorgfältiger Untersuchung des Menschen erkennbar, so wenig ist er entwickelt, so verhältnismäßig schwach ist seine Färbung und so gering ist seine Aktivität. Aber wenn wir an die Beobachtung einer fortgeschritteneren Seele gehen, sind es dieser und der nächsthöhere Körper, die deutlich als die wirkliche Darstellung des Menschen in die Augen fallen. Lichtstrahlend, herrlich und zart in der Farbe, zeigen sie Töne, die keine Sprache beschreiben kann, weil sie keinen Platz in dem irdischen Spektrum haben. Sie enthalten Farbtöne, die nicht nur äußerst rein und schön sind, sondern ganz verschieden von den auf den niederen Ebenen bekannten Farben. Es sind neu hinzukommende Nuancen, die das Wachsen des Menschen in den erhabenen Eigenschaften und Kräften anzeigen, die es dort gibt. Wenn das Auge glücklich genug ist, mit dem Anblick eines der »Großen« gesegnet zu werden, so erscheint dieser als eine solche mächtig vibrierende Form voller Leben und Farbe, strahlend und herrlich, und zeigt seine Natur dem Sehenden eben durch diese Erscheinung. Sie ist über alle Beschreibung schön und strahlend über alle Vorstellung. Eines Tages sollen alle das werden, was dieser bereits ist. Das, was er in der Vollendung zeigt, ruht als Möglichkeit in jedem Menschen.

Die Aura betreffend, gibt es noch einen Punkt, den ich erwähnen möchte, da er in der Praxis von Nutzen ist. Wir können uns wirksam gegen das Einströmen von Gedanken von außen schützen, indem wir eine kugelförmige Schutzwand aus der Aura-Substanz um uns bilden. Die Aura antwortet sehr bereitwillig auf den Anstoß von Gedanken. Wenn wir durch eine Anstrengung der Einbildungskraft uns ihre Außenseite als zu einem Gehäuse verdichtet vorstellen, schaffen wir tatsächlich solch eine Schutzwand um uns. Dieses Gehäuse verhindert das Eintreten der umhertreibenden Gedanken, welche die astrale Atmosphäre erfüllen, und verhindert so den störenden Einfluss, den sie auf den ungeschulten Verstand ausüben.

Das Entziehen unserer Lebenskraft, das wir manchmal fühlen, besonders wenn wir mit Personen in Berührung kommen, die unbewusst ihre Nachbarn vampirartig aussaugen, kann durch die Bildung eines solchen Gehäuses verhindert werden. Jeder, der sensitiv ist und sich durch eine solche Entziehung sehr erschöpft fühlt, wird klug handeln, sich so zu schützen. So stark ist die Macht des menschlichen Gedankens auf die feinere Materie, dass das Denken, man sei innerhalb eines solchen Gehäuses, schon das Bilden eines solchen bedeutet.

Wenn wir auf die menschlichen Wesen um uns her blicken, so sehen wir, dass alle Stufen der Entwicklung vertreten sind. Ihre Körper zeigen an, welchen Punkt der Evolution sie erreicht haben, während sie auf einer Ebene des Universums nach der anderen lebten, in einer Region nach der anderen wirkten und die entsprechenden Träger des

Bewusstseins entwickelten. Unsere Aura zeigt genau, wer wir sind. Wir fügen zu ihr etwas hinzu, wenn wir im wahren Leben wachsen. Wir reinigen sie, wenn wir edel und rein leben. Wir verweben in sie höhere und höhere Eigenschaften.

Ist eine Lebensphilosophie möglich, die erfüllter an Hoffnung, erfüllter an Kraft, erfüllter an Freude ist als diese? Blicken wir über die Menschenwelt nur mit dem physischen Auge, so sehen wir sie herabgekommen, elend, anscheinend hoffnungslos, wie sie wahrlich für das Auge des Fleisches ist. Aber dieselbe Menschenwelt scheint uns in einem ganz anderen Licht, wenn wir sie mit höherem Schauen betrachten. Wir sehen noch immer die Sorge und das Elend, wir sehen noch immer das Unwürdige und die Schande. Aber wir erkennen, dass sie vorübergehend, nur zeitweilig sind. Sie gehören zur Kindheit der Menschheit, die ihr bald entwachsen wird. Blicken wir auf die Niedrigsten und Gemeinsten, auf die Heruntergekommensten und Brutalsten, so können wir doch ihre göttlichen Möglichkeiten erkennen. Wir können doch erschauen, was sie in Tagen, die da kommen, sein werden. Das ist die Botschaft der Hoffnung, welche die Theosophie der westlichen Welt bringt, die Botschaft universeller Erlösung von der Unwissenheit und damit der universellen Befreiung von Elend – nicht im Traum, sondern in Wirklichkeit, nicht in der Hoffnung nur, sondern in Gewissheit. Jeder, der in seinem eigenen Leben dieses Wachsen zeigt, ist sozusagen eine neue Verwirklichung und Bekräftigung dieser Botschaft. Überall erscheinen die Erstlinge der Frucht, und die ganze Welt wird eines Tages reif werden für die Ernte, und sie wird den Zweck erfüllen, für welchen der Logos sie ins Dasein rief.

V. DER MENSCH

Wir wenden uns nunmehr der Betrachtung des Menschen selbst zu, um nicht mehr die Werkzeuge des Bewusstseins zu studieren, sondern die Wirkung des Bewusstseins auf sie selbst. Wir wollen nicht mehr länger auf die Körper blicken, sondern auf die Wesenheit, die in ihnen funktioniert.

Mit dem »Menschen« meine ich die bleibende Individualität, die ein Leben nach dem anderen durchwandert, in die Körper eintritt und sie wieder verlässt, die langsam im Laufe von Zeitaltern sich entwickelt, die durch das Sammeln und Erwerben von Erfahrungen wächst und die auf jener höheren mentalen Ebene ihr Dasein fristet, die wir im letzten Kapitel beschrieben haben. Dieser Mensch soll jetzt der Gegenstand unseres Studiums sein, wie er auf den drei Ebenen, die uns inzwischen vertraut sind, der physischen, der astralen und der mentalen, funktioniert.

Der Mensch macht seine ersten Erfahrungen durch die Entwicklung des Selbstbewusstseins auf der physischen Ebene. Hier tritt das auf, was wir das wache Bewusstsein nennen. Jenes Bewusstsein, mit dem wir alle vertraut sind, das mittels des Gehirns und des Nervensystems wirkt, durch das wir in gewöhnlicher Weise nachdenken, alle logischen Schlüsse ziehen, uns aller vergangenen Ereignisse unserer gegenwärtigen Verkörperung erinnern und uns in den Angelegenheiten des Lebens unser Urteil bilden. Alles, was wir als unsere intellektuellen Fähigkeiten erkennen, ist das Resultat der Arbeit des Menschen auf den vorhergehenden Stationen seiner Pilgerschaft. Sein Selbstbewusstsein wird lebhafter, tätiger und lebendiger, je höher die Individualität sich entwickelt, je weiter der Mensch Leben nach Leben fortschreitet.

Wenn wir einen sehr unentwickelten Menschen untersuchen, so finden wir seine selbstbewusste intellektuelle Tätigkeit dürftig an Qualität und beschränkt an Quantität. Sie spielt sich im physischen Körper mittels des dichten und ätherischen Gehirns ab. Diese Tätigkeit setzt sich ständig fort, so weit das ganze Nervensystem in Betracht kommt. Sie ist sowohl sichtbar wie unsichtbar, und die Tätigkeit ist sehr plump. Sie ist eine mehr allgemeine, gleichmäßige, und es besteht wenig Unterscheidungskraft und Feinheit mentalen Empfindens. Es ist eine gewisse intellektuelle Tätigkeit vorhanden, aber sie ist mehr kindischer oder kindlicher Art. Das Denken bezieht sich auf sehr geringe Dinge und amüsiert sich über ganz triviale Begebenheiten, Dinge, die seine Aufmerksamkeit erregen, aber von höchst unbedeutendem Charakter sind. Es interessiert sich für alles Mögliche, was vor seinem Auge vorüberzieht. Es sitzt gern am Fenster und sieht hinaus auf eine belebte Straße. Es beobachtet, wie die Menschen und Wagen vorbeikommen, macht Bemerkungen über sie, amüsiert sich riesig, wenn ein schön angezogener Passant in den Schmutz fällt oder von einem vorüberfahrenden Wagen bespritzt wird.

Die Denktätigkeit birgt nicht viel in sich, was ihre Aufmerksamkeit fesselt. Daher strebt sie immer nach außen, um zu empfinden, dass sie am Leben ist. Es ist eines der Hauptmerkmale dieses niedrigen Stadiums intellektueller Entwicklung, dass der Mensch, der im physischen und ätherischen Körper wirkt und diese beiden zu Werkzeugen des Bewusstseins ausgestaltet, immer gewaltige Aufregungen liebt. Er muss sich vergewissern, dass er fühlt, und er muss lernen, die Dinge dadurch zu unterscheiden, dass er starke und lebhafte Eindrücke erhält. Es ist eine ganz notwendige Stufe des Fortschritts, wenn auch eine elementare. Ohne diese würde er fortwährend verwirrt werden und die Vorgänge innerhalb seiner Körper und außerhalb derselben verwechseln. Er muss das Alphabet des Selbst und des Nichtselbst lernen, indem er zwischen den Gegenständen, die Eindrücke verursachen, und den Empfindungen, die diese Eindrücke hervorrufen, unterscheidet, sowie zwischen dem Anreiz und dem Fühlen selbst.

Die niedrigsten Typen dieser Stufe kann man an Straßenecken versammelt sehen, faul an eine Mauer gelehnt, wo sie sich gelegentlich zu einigen abfälligen Bemerkungen aufraffen und in ein leeres, kicherndes Lachen ausbrechen. Jeder, der fähig ist, in ihr Gehirn zu sehen, bemerkt, dass sie ziemlich trübe Eindrücke von den vorüberziehenden Gegenständen und Wesen empfangen und die Verbindungsglieder zwischen diesen Eindrücken und anderen sehr schwach sind. Die Eindrücke gleichen mehr einem Haufen Kieselsteine als einem planvoll gefügten Mosaik.

Wollen wir den Weg erforschen, auf dem das physische und ätherische Gehirn zum Werkzeug des Bewusstseins wurde, so müssen wir uns zurückwenden zur frühesten Entwicklung der Ichheit, einer Stufe, die wir bei den niederen Tieren um uns her wahrnehmen können. Schwingungen, die durch die Eindrücke von äußeren Gegenständen hervorgerufen werden, gehen zum Gehirn, werden durch dieses dem Astralkörper mitgeteilt und vom Bewusstsein als Empfindungen gefühlt, bevor noch irgendeine Beziehung zwischen diesen Empfindungen und Gegenständen, welche sie hervorrufen, hergestellt ist, denn diese Beziehung ist eine bestimmte Tätigkeit des Intellekts, eine schwache Wahrnehmung. Wenn das Wahrnehmungsvermögen aufzutreten beginnt, dann verwendet das Bewusstsein das physische und ätherische Gehirn als Werkzeug, mittels dessen es Kenntnisse von der äußeren Welt sammelt. Diese Stufe ist von unserer Menschheit selbstverständlich längst überschritten, aber man kann beobachten, wie sie flüchtig vom Kind wiederholt wird, wenn das Bewusstsein bei der Wiederverkörperung ein neues Gehirn übernimmt. Es kommt ein Zeitpunkt, wo das Kind anfängt, »Notiz zu nehmen«. Es beginnt eine Empfindung, die in seinem eigenen Bewusstsein entsteht, in Verbindung zu setzen mit dem sinnlichen Eindruck, welchen ein äußerer Gegenstand auf seine neue Hülle macht, und so von dem Gegenstand »Notiz« zu nehmen, ihn wahrzunehmen.

Nach einiger Zeit ist die Wahrnehmung eines Gegenstandes nicht mehr nötig, damit das Bild dieses Gegenstandes dem Bewusstsein gegenwärtig ist. Es ist ihm möglich, die Erscheinung eines solchen zurückzurufen, auch wenn er nicht von einem Sinn wahrgenommen wird. Solch eine erinnerte Wahrnehmung ist eine Vorstellung, ein Begriff, ein Gedankenbild, und von solchen Bildern aus der Außenwelt sammelt das Bewusstsein einen Vorrat. Mit diesem Vorrat fängt es an zu arbeiten, und die erste Stufe dieser Tätigkeit ist das Ordnen dieser Vorstellungen als Vorbereitung, um aus ihnen Vernunftschlüsse zu ziehen. Vernunft zu gebrauchen, fängt damit an, die Vorstellungen miteinander zu vergleichen und daraus dann Beziehungen zwischen ihnen zu folgern, wenn wieder und immer wieder zwei oder mehrere derselben gleichzeitig oder nacheinander auftreten. Bei diesem Vorgang zieht sich das Bewusstsein in sich selbst zurück, nimmt die Vorstellungen mit, die es aus den Wahrnehmungen gebildet hat, und fügt etwas Eigenes zu ihnen hinzu, etwa, wenn es eine Folgerung aufstellt oder ein Ding zu einem anderen als Ursache und Wirkung in Beziehung setzt. Es fängt an, Schlüsse zu ziehen und selbst zukünftige Vorkommnisse vorherzusagen, wenn es eine Folgerung aufgestellt hat. Wenn die Wahrnehmung auftritt, die es als »Ursache« betrachtet, dann erwartet es, dass die Wahrnehmung, die es als Wirkung ansieht, folgt.

Weiter bemerkt es beim Vergleich seiner Vorstellungen, dass viele von ihnen ein oder mehrere Elemente gemeinsam haben, während die übrigen Bestandteile verschieden sind. Es geht dann dazu über, diese gemeinsamen Charakterzüge von den übrigen abzusondern und sie als Charakterzüge einer bestimmten Klasse zusammenzustellen. Dann fasst es die Gegenstände zusammen, die diese Züge besitzen, und wenn es einen neuen Gegenstand sieht, der sie ebenfalls besitzt, reiht es ihn in dieselbe Klasse ein. Auf diese Weise gestaltet das Bewusstsein allmählich das Chaos der Wahrnehmungen, mit welchen es seine intellektuelle Laufbahn begann, zu einem geordneten Kosmos und leitet aus der ordnungsgemäßen Folge von Erscheinungen und aus den Typen, die es in der Natur findet, Gesetze ab.

Dies alles ist das Werk des Bewusstseins mittels des physischen Gehirns und in demselben. Aber selbst in dieser Tätigkeit spüren wir etwas, was das Gehirn nicht leisten kann. Das Gehirn empfängt nur Schwingungen. Das Bewusstsein, das im Astralkörper tätig ist, verwandelt die Schwingungen in Empfindungen. Im Verstandeskörper verwandelt es die Empfindungen in Wahrnehmungen und vollführt dann alle die Prozesse, die, wie oben bemerkt, das Chaos zu einem Kosmos gestalten.

Das so wirkende Bewusstsein wird ferner von oben durch Gedanken erleuchtet, die nicht aus dem Material abstammen, das die physische Welt liefert, sondern die vom universalen Denken direkt in dasselbe reflektiert werden. Die großen »Gesetze des Denkens« regeln alles Denken. Die Tatsache des Denkens selbst enthüllt deren Präexistenz, da es nach diesen Gesetzen und innerhalb derselben vor sich geht und ohne sie unmöglich wäre.

Es ist kaum nötig zu bemerken, dass alle diese Anfangsbemühungen des Bewusstseins, mittels des physischen Werkzeuges zu wirken, vielen Irrtümern unterworfen sind, sowohl wegen unvollkommener Wahrnehmung als auch wegen vorkommender Missgriffe beim Ziehen von Schlussfolgerungen. Voreilige Schlussfolgerungen, Verallgemeinerungen aus nur begrenzten Erfahrungen, führen zu falschen Ergebnissen. Man hat darum die Regeln der Logik formuliert, um die Denkfähigkeit zu disziplinieren und sie zu befähigen, die Fehler zu vermeiden, in die sie beständig verfällt, solange sie nicht geschult ist. Aber dennoch ist selbst der unvollkommene Versuch, aus e i n e r Erfahrung Schlüsse auf eine andere zu ziehen, ein bestimmtes Zeichen für den Fortschritt des Menschen, denn es zeigt, dass er zu dem von außen gekommenen Eindruck etwas Eigenes hinzufügt.

Diese Verarbeitung des gesammelten Materials hat eine Wirkung auf das physische Werkzeug selbst. Wenn der Verstand zwei Wahrnehmungen verknüpft, so gestaltet er durch die damit hervorgerufenen Schwingungen im Gehirn auch ein Bindeglied zwischen den Gruppen von Schwingungen, durch die die Wahrnehmungen entstanden sind. Wenn der Verstandeskörper in Tätigkeit versetzt wird, so wirkt er auf den Astralkörper und dieser weiter auf den ätherischen und dichten Körper, und die Nervenmaterie des letzteren vibriert unter diesen Impulsen. Diese Wirkung zeigt sich in Form elektrischer Entladungen, und magnetische Ströme laufen zwischen Molekülen und Molekül-Gruppen und verursachen verwickelte Wechselwirkungen. Diese Wirkungen hinterlassen sozusagen eine Spur, ein Gleis in den Nerven.

Der nächste Strom wird entlang dieses Gleises leichter laufen können als, sagen wir, quer darüber. Wenn *eine* Gruppe von Molekülen, welche bei einer Schwingung beteiligt war, durch das Bewusstsein später nochmals dadurch in Bewegung gesetzt wird, dass *dieses den* Gedanken wiederholt, der auf sie diesen ersten Eindruck machte, dann läuft die hervorgerufene Erregung leicht erneut des Gleises entlang, das durch eine frühere Verknüpfung mit einer anderen Gruppe geschaffen wurde, und ruft diese andere Gruppe wiederum in Tätigkeit.

Dieser Vorgang sendet in den Verstand eine Schwingung hinauf, die sich nach den regelmäßigen Umformungen als eine *assoziierte* Vorstellung darstellt. Daher die große Wichtigkeit der Gedankenassoziationen, einer Tätigkeit des Gehirns, die manchmal außerordentlich unangenehm ist, so, wenn beispielsweise irgendeine törichte oder lächerliche Vorstellung sich mit einem ernsten oder heiligen Gedanken verknüpft hat. Das Bewusstsein ruft den heiligen Gedanken herbei, um bei ihm zu verweilen, und plötzlich, ganz ohne seine Zustimmung, drängt sich das grinsende Gesicht des störenden Gedankens, durch die mechanische Aktion des Gehirns hinaufgesandt, durch das Tor des Heiligtums und entweiht es. Kluge Menschen zollen der Gedankenassoziation Aufmerksamkeit und sind achtsam, wie sie von den heiligsten Dingen reden, damit nicht irgendein törichter oder unwissender Zuhörer ein Bindeglied zwischen dem Heiligen und dem Einfältigen oder dem Gemeinen herstellen kann; ein Bindeglied, das sich später leicht im Bewusstsein wiederholen könnte. Nützlich ist die Vorschrift: »Gib nicht das, was heilig ist, den Hunden, noch wirf die Perlen vor die Säue.«

Ein weiteres Zeichen des Fortschritts stellt sich ein, wenn ein Mensch anfängt, sein Leben nach Entschließungen zu regeln, die im Inneren gereift sind, anstatt nach Impulsen von außen. Er handelt dann nach seinen selbst angesammelten Erfahrungen, indem er sich früherer Vorgänge erinnert, die Folgen vergleicht, die verschiedene Handlungsweisen in der Vergangenheit hatten, und sich danach für eine in der Gegenwart einzuschlagende Handlungsweise entscheidet. Er fängt an, von seinen Erfahrungen in der Vergangenheit ausgehend, die Zukunft zu bedenken, vorauszusehen, zu beurteilen und Schlüsse zu ziehen in Beziehung auf das, was kommt, aus der Erinnerung dessen, was sich schon ereignet hat. Sobald ein Mensch dies tut, bedeutet dies ein deutliches Wachstum als Mensch. Er mag noch mit seinem Wirken auf sein physisches Gehirn beschränkt sein, er mag noch außerhalb desselben untätig sein, aber er wird zu einem sich entwickelnden Bewusstsein, das beginnt, sich als Individuum zu verhalten und sich seine eigenen Wege zu wählen, anstatt sich von den Umständen treiben oder durch einen äußeren Zwang seine Handlungsweise in eine bestimmte Richtung drängen zu lassen. Das Wachstum des Menschen zeigt sich in dieser bestimmten Verhaltensweise. Er entwickelt mehr und mehr von dem, was man Charakter nennt, sowie mehr und mehr Willenskraft.

Willensstarke und willensschwache Menschen sind durch ihre Verschiedenheit gerade in dieser Hinsicht zu unterscheiden. Der Willensschwache wird von außen getrieben, durch äußere Anziehung und Abstoßung, während der Willensstarke von innen bewegt wird und fortwährend die äußeren Umstände dadurch beherrscht, dass er auf sie durch geeignete Kräfte einwirkt, geleitet durch seinen angesammelten Besitz von Erfahrungen. Dieser Vorrat, den der Mensch in vielen Leben angesammelt und gesteigert hat, wird immer besser verfügbar, je mehr das Gehirn geschult und verfeinert und dadurch empfänglicher gemacht wird. Den Vorrat besitzt der Mensch, aber er kann nur so viel davon benutzen, als er dem physischen Bewusstsein einzuprägen vermag. Der Mensch selbst hat die Erinnerung und die Vernunft. Der Mensch selbst urteilt, wählt, und entscheidet, aber er muss dies alles durch sein physisches und ätherisches Gehirn tun. Wirken und handeln muss er mittels des physischen Körpers, des Nervenmechanismus und des damit in Verbindung stehenden ätherischen Organismus. Je eindrucksfähiger das Gehirn wird, je mehr er dessen Material verbessert und es unter seine Herrschaft bringt, desto brauchbarer wird es als Ausdrucksmittel für den Menschen selbst.

Wie sollen wir also versuchen, die Werkzeuge unseres Bewusstseins zu schulen, damit sie uns besser als Instrumente dienen können? Wir untersuchen jetzt nicht die physische Entwicklung des Körpers, sondern seine Schulung durch das Bewusstsein, welches ihn als Werkzeug zum Denken benutzt. Der Mensch wird sich klar, dass, um sein Werkzeug brauchbarer zu machen, er außer der physischen Vervollkommnung, der er schon seine Aufmerksamkeit geschenkt hat, er es dahin schulen muss, prompt und folgerichtig auf die Eindrücke zu reagieren, die er ihm übermittelt. Damit das Gehirn folgerichtig handelt, muss er selbst folgerichtig denken. Wenn er so dem Gehirn folgerichtige Eindrücke sendet, gewöhnt er es daran, folgerichtig durch miteinander verbundene Molekül-Gruppen zu arbeiten, anstatt aufs Geratewohl durch zusammenhängende Schwingungen. Der Mensch gibt den Anstoß, das

Gehirn ahmt nur nach. Unzusammenhängendes, sorgloses Denken gewöhnt das Gehirn an die Bildung unzusammenhängender Schwingungsgruppen.

Dieses Training hat zwei Stufen. Der Mensch, der sich entschließt, folgerichtig denken zu wollen, schult seinen Mentalkörper, Gedanken an Gedanken zu reihen und nicht zufällig irgendwo zu landen. Dadurch, dass er so denkt, schult er das Gehirn, das seinen Gedanken entsprechend schwingt. Auf diesem Weg wird es den physischen Organismen – dem Nerven- und ätherischen System – zur Gewohnheit, in systematischer Weise zu arbeiten. Wenn ihr Eigentümer sie nötig hat, reagieren sie prompt und ordnungsgemäß. Wenn er ihrer bedarf, sind sie bereit und zur Hand. Zwischen einem so geschulten Werkzeug des Bewusstseins und einem untrainierten ist derselbe Unterschied wie zwischen dem Handwerkszeug eines unachtsamen Arbeiters, der es schmutzig, stumpf und ungeeignet zum Gebrauch werden lässt, und dem Werkzeug eines Mannes, der es bereithält, es schärft und reinigt, so dass, wenn er es braucht, es fertig zur Hand liegt und er es sofort benutzen kann, wenn er eine Arbeit damit zu leisten hat. So sollte das physische Werkzeug immer bereit sein, dem Ruf des inneren Menschen zu entsprechen.

Die Wirkung einer derart fortgesetzten Arbeit am physischen Körper erschöpft sich jedoch keineswegs in der verbesserten Fähigkeit des Gehirns; denn jeder dem physischen Körper zugesandte Impuls hat das astrale Werkzeug zu passieren und ruft in diesem ebenfalls eine Wirkung hervor. Wie wir gesehen haben, ist die Astralmaterie viel reaktionsfähiger für Gedankenschwingungen als die physische, und die Wirkung dieser betrachteten Reihe von Tätigkeiten auf den Astralkörper ist verhältnismäßig groß. Dadurch nimmt der Astralkörper bestimmte Umrisse und eine leistungsfähigere Organisation an. Wenn ein Mensch gelernt hat, das Gehirn zu beherrschen, wenn er seine Gedanken zu konzentrieren versteht, wenn er fähig ist zu denken, wie er will und wann er will, dann findet auch eine entsprechende Entwicklung in dem statt, was er – falls er sich dessen physisch bewusst ist – als sein Traumleben betrachten wird. Seine Träume werden lebhaft, vernünftig und sogar lehrreich – und er behält sie beim Erwachen gut im Bewusstsein. Der Mensch fängt an, in seinem zweiten Bewusstseinsträger, dem Astralkörper, zu funktionieren, betritt die zweite große Region oder Ebene des Bewusstseins und betätigt sich dort im Astralkörper ohne Benutzung des physischen Körpers.

Lassen Sie uns einen Augenblick den Unterschied zwischen zwei Menschen betrachten, beide »vollständig wach«, d. h. mit dem physischen Körper arbeitend. Einer von ihnen verwendet seinen Astralkörper nur unbewusst als Brücke zwischen Verstand und Gehirn, und der andere nutzt ihn bewusst als Werkzeug. Der Erste sieht auf gewöhnliche, sehr beschränkte Weise, da sein Astralkörper noch kein effektives Werkzeug des Bewusstseins ist. Der

Zweite benutzt das astrale Schauen und wird nicht mehr durch die physische Materie beschränkt. Er schaut durch alle physischen Körper hindurch. Er sieht die Rückseite so gut wie die Vorderseite. Mauern und andere undurchsichtige Dinge sind für ihn durchsichtig wie Glas. Er sieht astrale Formen und Farben, die Aura, Elementale und vieles mehr.

Wenn er in ein Konzert geht, sieht er herrliche Symphonien von Farben, wenn die Musik anhebt. Bei einem Vortrag sieht er des Redners Gedanken in Farben und Formen und gewinnt so eine viel vollständigere Vorstellung von dessen Gedanken, als es für den möglich ist, der nur die gesprochenen Worte hört. Die Gedanken, die sich in Symbolen als Worte äußern, treten auch als farbige und tönende Formen auf und hinterlassen, in Astralmaterie gekleidet, Eindruck auf den Astralkörper. Wo das Bewusstsein in diesem Körper völlig erwacht ist, empfängt es und registriert es diese ganzen zusätzlichen Eindrücke vollständig. Viele Personen werden finden, wenn sie sich genau prüfen, dass sie von einem Redner einen guten Teil mehr aufnehmen, als was die bloßen Worte ihnen zuführen, selbst wenn sie sich dessen während des Zuhörens nicht bewusst werden. Viele werden in ihrer Erinnerung mehr finden, als der Redner äußerte. Manchmal setzt eine Art Ahnung den Gedanken weiter fort, als ob um das Wort herum mehr entstanden sei und sie mehr wissen ließ, als sie für das Ohr bedeuteten. Diese Erfahrung zeigt, dass das astrale Werkzeug sich entwickelt. Wenn der Mensch seinem Denken Aufmerksamkeit schenkt und bewusst den Astralkörper benutzt, wächst dieser, und er organisiert sich besser und besser.

Das »Nichtbewusstsein« des Menschen während des Schlafes beruht entweder auf der Unentwickeltheit des Astralkörpers oder auf dem Fehlen bewusster Verbindungsglieder zwischen ihm und dem physischen Gehirn. Der Mensch benutzt seinen Astralkörper während seines wachen Bewusstseins, indem er Gedankenströme durch das astrale zum physischen Gehirn sendet. Aber wenn das physische Gehirn außer Gebrauch gesetzt ist, das Gehirn, durch das der Mensch auch gewohnt ist, von außen Eindrücke zu empfangen – dann ist er wie David in der Rüstung, die er noch nicht zu benutzen versteht. Er ist nicht empfänglich genug für Eindrücke, die ihm nur durch den Astralkörper zukommen, an dessen unabhängigen Gebrauch er noch nicht gewöhnt ist.

Er kann schon lernen, ihn unabhängig auf der astralen Ebene zu gebrauchen, aber doch noch nicht wissen, dass er ihn benützt hat, wenn er zur physischen zurückkehrt – eine weitere Stufe im langsamen Fortschritt des Menschen – und er fängt so an, ihn in seiner eigenen Welt anzuwenden, bevor er eine Verbindung zwischen jener Welt und der Welt darunter herstellen kann.

Endlich bringt er eine solche Verbindung zustande. Dann geht er in vollem Bewusstsein vom Gebrauch des einen Körpers zum Gebrauch des anderen über und bewegt sich frei in der astralen Welt. Er hat endgültig das Reich seines wachen Bewusstseins vergrößert, so dass es jetzt die astrale Ebene miteinschließt, und auch während er sich im physischen Körper befindet, stehen ihm seine astralen Sinne doch vollständig zu Diensten. Man kann sagen, dass er zu gleicher Zeit in zwei Welten lebt. Keine Luft ist mehr zwischen ihnen, und er wandelt in der physischen Welt als Blindgeborener, dessen Augen geöffnet sind.

Auf der nächsten Stufe seiner Entwicklung fängt der Mensch an, bewusst auf der dritten, der Mentalebene, zu handeln. Er hat schon lange auf ihr gewirkt und von ihr alle die Gedanken ausgesandt, die so belebte Formen in der astralen Welt annehmen und in der physischen Welt durch das Gehirn Ausdruck finden. Wenn er im Verstandeskörper seiner mentalen Hülle bewusst wird, findet er, dass er Formen schafft, wenn er denkt. Der Mensch wird sich des schöpferischen Aktes bewusst, obgleich er lange schon diese Kraft unbewusst ausgeübt hat. Der Leser wird sich erinnern, dass in einem in der »Okkulten Welt« von A. P. Sinnett zitierten Brief ein Meister sagt, dass jedermann Gedankenformen bildet. Er hebt aber den Unterschied zwischen dem gewöhnlichen Menschen und dem Adepten hervor, wonach der gewöhnliche Mensch sie unbewusst hervorruft, während der Adept sie bewusst bildet. (Die Bezeichnung »Adept« ist hier in einem sehr weiten Sinne gebraucht und schließt Eingeweihte der verschiedensten Grade weit unter dem eines »Meisters« ein.) Auf dieser Stufe der Entwicklung eines Menschen wächst seine Macht zu helfen beträchtlich, denn wenn er bewusst eine Gedankenform schaffen und lenken kann – ein künstliches Elemental, wie sie oft genannt wird – kann er sie auch benutzen, um an Orten zu wirken, in die selbst in seinem Verstandeskörper hinzureisen für ihn im Augenblick nicht wünschenswert ist. So kann er ebenso gut in die Ferne wirken wie in unmittelbarer Nähe, und das vergrößert seine Fähigkeit zu dienen. Er beherrscht diese Gedankenformen aus der Ferne, leitet sie, überwacht ihre Wirkung und macht sie so zu Agenten seines Willens. Wenn der Verstandeskörper sich entwickelt und der Mensch voller Bewusstsein in ihm lebt und wirkt, dann erkennt er das ganze erweiterte und vergrößerte Leben, das er auf der Mentalebene führt. Während er im physischen Körper bleibt und durch ihn sich seiner physischen Umgebung bewusst ist, bleibt er doch in der höheren Welt vollständig wach und tätig und hat es nicht nötig, den physischen Körper in Schlaf zu versenken, um sich des Gebrauchs der höheren Fähigkeiten zu erfreuen. Er benutzt gewohnheitsmäßig einen mentalen Sinn und empfängt durch ihn Eindrücke jeder Art aus der Mentalebene, so dass er alles gedankliche Wirken anderer wahrnimmt, so wie er deren körperliche Bewegungen registriert.

Wenn der Mensch diese Stufe der Entwicklung erreicht hat – eine verhältnismäßig hohe im Vergleich mit der durchschnittlichen, obgleich niedrig im Verhältnis zu jener, die er erstrebt – funktioniert er mit Bewusstsein in diesem dritten Werkzeug, dem Verstandeskörper. Er prägt alles, was er in ihm tut, seinem Bewusstsein ein, und erlebt seine Kräfte und seine Begrenzungen. Notwendigerweise lernt er auch zwischen dem Werkzeug, das er benutzt, und sich selbst zu unterscheiden. Er empfindet dann den illusorischen Charakter des persönlichen »Ich«, des »Ich« des Verstandeskörpers und nicht des Menschen. Bewusst identifiziert er sich selbst mit der Individualität, die auf dem erhabeneren Teil der Mentalebene im Kausalkörper wohnt. Er lernt, dass er, der Mensch, sich auch aus dem Verstandeskörper zurückziehen, ihn zurücklassen kann und, sich höher erhebend, doch er selbst bleiben kann. Dann weiß er, dass die vielen Leben in Wirklichkeit nur ein Leben sind und er, der lebende Mensch, die ganze Reihe hindurch er selbst bleibt.

Betrachten wir nun noch die Bindeglieder, die Verbindungen zwischen diesen verschiedenen Körpern. Sie existieren, ohne zuerst dem Menschen zum Bewusstsein zu kommen. Sie sind vorhanden, sonst könnte er nicht von der Ebene des Verstandes in die des Körpers übertreten. Aber er ist sich ihres Daseins nicht bewusst, und sie sind auch noch nicht zum aktiven Leben erweckt. Sie sind etwa das, was man im physischen Körper rudimentäre Organe nennt. Jeder in der Biologie Bewanderte weiß, dass es zweierlei Arten rudimentärer Organe gibt. Die eine Art weist auf Zustände hin, die der Körper in der Entwicklung durchgemacht hat, während die andere die Richtung zukünftigen Werdens andeutet. Diese Organe existieren, aber sie funktionieren nicht. Ihre Tätigkeit im physischen Körper gehört entweder der Vergangenheit oder der Zukunft an, sie ist entweder abgestorben oder noch nicht geboren. Die Verbindungsglieder, die ich analogerweise rudimentäre Organe der zweiten Art nennen möchte, verbinden den dichten und den ätherischen Körper mit dem astralen, den astralen mit dem Verstandeskörper und diesen mit dem Kausalkörper. Sie sind vorhanden, aber sie sind noch nicht in Tätigkeit gesetzt worden. Sie müssen erst entwickelt werden, und gleich den physischen Organen kann man sie nur durch den Gebrauch entwickeln.

Der Lebensstrom flutet durch sie hindurch, ebenso wie der Mentalstrom, so werden sie am Leben erhalten und genährt. Aber sie werden nur dadurch allmählich zu lebendiger Tätigkeit gebracht, dass der Mensch seine Aufmerksamkeit auf sie richtet und seinen Willen einen Druck auf ihre Entwicklung ausüben lässt. Die Tätigkeit des Willens fängt an, diese rudimentären Bindeglieder zu beleben, und Schritt für Schritt, manchmal sehr langsam, fangen sie an zu funktionieren. Der Mensch beginnt, sie für den Übergang seines Bewusstseins von einem Körper zum anderen einzusetzen.

Im physischen Körper gibt es Nervenzentren, kleine Gruppen von Nervenzellen. Durch diese Zentren gehen sowohl Eindrücke von außen als auch Impulse seitens des

Gehirns. Wenn eines von diesen nicht in Ordnung ist, dann tritt sofort Verwirrung ein, und das physische Bewusstsein ist gestört. Es gibt analoge Zentren im Astralkörper, aber im unentwickelten Menschen sind sie verkümmert und funktionieren nicht. Es sind dies Verbindungsglieder zwischen dem physischen und dem Astralkörper sowie zwischen dem Astral- und dem Verstandeskörper. Wenn die Entwicklung voranschreitet, werden sie durch den Willen belebt, wobei das »Schlangenfeuer«, in indischen Büchern Kundalini genannt, befreit und richtig geleitet wird. Das vorbereitende Stadium für die direkte Tätigkeit, welche die Kundalini freimacht, ist die Schulung und Reinigung des Körpers, denn wenn diese nicht vollständig durchgeführt ist, wirkt das Feuer als eine Kraft, die zerstört, statt zu beleben. Das ist der Grund, weshalb ich so viel Gewicht auf die Reinigung gelegt habe, und ich betone, dass sie eine notwendige Vorbereitung für jeden wahren Yoga ist.

Wenn ein Mensch sich weit genug emporgearbeitet hat, um ohne Schaden Hilfe bei der Belebung dieser Verbindungsglieder erhalten zu können, dann wird ihm diese ganz von selbst von jenen zuteil, die immer Gelegenheit suchen, dem ernst und selbstlos Strebenden zu helfen. Dann entdeckt der Mensch eines Tages, dass er bei vollständigem Wachen aus dem physischen Körper schlüpft und ohne irgendeine Unterbrechung des Bewusstseins frei ist.

Wenn dies einige Male so vor sich gegangen ist, wird der Übergang von einem zum anderen Körper etwas Gewohntes und Leichtes. Wenn der Astralkörper den physischen im Schlaf verlässt, dann tritt eine kurze Periode der »Bewusstlosigkeit« ein. Selbst wenn der Mensch wach auf der Astralebene funktioniert, gelingt es ihm nicht, diese Bewusstlosigkeit bei seiner Rückkehr zu überbrücken. Unbewusst, wie er seinen Körper verlässt, wird er wahrscheinlich auch unbewusst sein, wenn er wieder eintritt. Er mag auf der Astralebene volles und lebhaftes Bewusstsein besitzen, trotzdem kann im physischen Gehirn alles verschwunden sein. Aber wenn der Mensch den Körper im wachen Bewusstsein verlässt und die Glieder zwischen den Körpern zu funktionierender Aktivität gebracht hat, so hat er die Kluft überbrückt. Für ihn ist es nicht mehr eine Kluft. Sein Bewusstsein gleitet leicht von einer Ebene zur anderen, und er fühlt sich als derselbe Mensch auf beiden.

Je geschulter das physische Gehirn ist, auf die Schwingungen, die von dem Verstandeskörper ausgehen, zu antworten, desto leichter wird die Überbrückung der Kluft zwischen Tag und Nacht. Das Gehirn wird mehr und mehr zum gehorsamen Werkzeug des Menschen, nach dessen Willensimpulsen es seine Tätigkeit ausübt. So wie ein gut zugerittenes Pferd der leichtesten Berührung der Hand oder des Knies gehorcht. Die Astralwelt liegt offen vor dem Menschen, der so die beiden niederen Träger des Bewusstseins in Verbindung gebracht hat, und sie gehört ihm mit allen ihren Möglichkeiten, mit allen ihren weiterreichenden Kräften, ihren umfassenderen Gelegenheiten, Dienste zu tun und Hilfe zu bringen. Dann kommt die Freude, Leidenden Beistand zu leisten, ohne dass diese von dem Helfer etwas merken, obwohl sie die Erleichterung fühlen, in Wunden Balsam zu träufeln, die dann von selbst zu heilen scheinen, Bürden tragen zu helfen, die den schmerzenden Schultern, auf denen sie vorher so schwer lasteten, jetzt wunderbar leicht werden.

Mehr als dies bedarf es, um die Brücke über die Kluft zwischen Leben und Leben zu schlagen. Das Gedächtnis ununterbrochen über Tag und Nacht zu leiten, heißt nur, dass der Astralkörper vollkommen funktioniert und die Glieder zwischen ihm und dem physischen in richtiger Weise arbeiten.

Wenn der Mensch die Kluft zwischen Leben und Leben überbrücken will, muss er viel mehr vollbringen, als in vollem Bewusstsein im Astralkörper zu wirken, und mehr, als mit Bewusstsein im Verstandeskörper zu leben, denn der Verstandeskörper besteht aus der Materie der niederen Ebenen der Mentalwelt, und von ihr aus geht die Wiederverkörperung nicht vor sich. Der Verstandeskörper löst sich zu seiner Zeit auf, so wie das astrale und physische Werkzeug sich auflöst, und kann nichts mit hinüberbringen. Die ganze Frage, um die es sich bei der Erinnerung an vergangene Leben dreht, ist folgende: Kann der Mensch auf den höheren Ebenen der Mentalwelt in seinem Kausalkörper funktionieren oder nicht? Der Kausalkörper ist es, der von einem Leben zum anderen übergeht. Im Kausalkörper wird alles angehäuft. Im Kausalkörper werden alle Erfahrungen gesammelt, in ihn wird das Bewusstsein hinaufgezogen, und von dieser Ebene aus geschieht das Herabsteigen zur neuen Geburt.

Lassen Sie uns den Stationen des Lebens, wenn es den physischen Körper verlässt, folgen und sehen, wie weit die Herrschaft des »Königs Tod« reicht.

Der Mensch zieht sich aus dem dichteren Teil seines Körpers zurück. Dieser sinkt dahin, zerfällt in Stücke und wird der physischen Welt wiedergegeben. Nichts bleibt, an dem die magnetische Kette des Gedächtnisses haften könnte. Der Mensch befindet sich dann im ätherischen Teil des physischen Körpers. Aber im Laufe weniger Stunden schüttelt er ihn ab, und auch dieser löst sich in seine Elemente auf. Keine Erinnerung, die mit dem ätherischen Gehirn verbunden ist, wird ihm also helfen, die Brücke zu schlagen.

Er geht weiter in die Astralwelt. Er bleibt dort, bis er auf ähnliche Weise seinen Astralkörper abstreift und ihn hinter sich lässt, wie er den physischen zurückgelassen hat. Der »astrale Leichnam« seinerseits zerfällt, liefert seine Materie der Astralwelt zurück und löst alles auf, was als Basis für die magnetischen Kettenglieder dienen könnte, die für eine Erinnerung nötig wären.

Er geht weiter in seinem Verstandeskörper und wohnt auf den Formstufen von Devachan. Er lebt dort Hunderte von Jahren, bildet Fähigkeiten in sich aus und erfreut sich der Früchte seiner Arbeit. Aber auch von diesem Verstandeskörper zieht er sich zurück, wenn die Zeit reif ist, und nimmt aus ihm in den Körper, welcher dauert, die Essenz von allem mit, was er gesammelt und verarbeitet hat.

Er lässt den Verstandeskörper hinter sich, der in gleicher Weise wie seine dichteren Hüllen sich auflöst, denn die Materie, so fein sie von unserem Standpunkt aus auch ist, ist doch nicht fein genug, um auf die höheren Stufen der Mentalwelt hinaufgetragen zu werden. Der Mensch muss ihn abstreifen, er muss ihn zurücklassen und ihn der Materie seiner Region wiedergeben. Wiederum eine Auflösung einer zusammengesetzten Verbindung in ihre Elemente!

Den ganzen Weg hinauf streift der Mensch eine Hülle nach der anderen ab, und erst, wenn er die formlosen Stufen der Mentalwelt erreicht hat, kann man von ihm sagen, dass er die Grenzen des Reiches hinter sich gelassen hat, über welches der König Tod mit dem Zepter der Zersetzung seine Herrschaft führt.

Er verlässt endgültig dessen Reich und wohnt im Kausalkörper, über den der Tod keine Macht hat und in dem er alles aufspeichert, was er gesammelt hat. Daher der Name Kausalkörper, denn alle Ursachen, die die künftigen Verkörperungen beeinflussen, befinden sich in ihm. Der Mensch muss daher anfangen, in vollem Bewusstsein auf den formlosen Stufen der Mentalwelt in seinem Kausalkörper zu arbeiten, ehe er die Erinnerung über die Kluft des Todes hinüberbringen kann.

Eine unentwickelte Seele, die diese hohe Region betritt, kann das Bewusstsein dort nicht aufrechterhalten. Sie tritt dort ein, wobei sie alle Keime ihrer Eigenschaften mit sich führt. Sie hat die Ahnung eines Gefühls, das kurze Aufblitzen eines Bewusstseins, das Vergangenheit und Zukunft umschließt, und das geblendete Ego sinkt herab zu einer neuen Geburt. Es birgt die Keime in seinem Kausalkörper und lässt auf jeder Ebene diejenigen Wurzel schlagen, die zu dieser gehören. Diese Wurzeln ziehen dann die Materie an sich, die ihnen speziell entspricht.

So umkleiden sich die mentalen Keime auf den Stufen der niederen Mentalwelt mit Materie von dieser Ebene und formen entsprechend den neuen Verstandeskörper. Die so gesammelte Materie drückt die intellektuellen Charaktereigenschaften aus, die ihm der Keim im Inneren gegeben hat, so wie die Eichel sich dadurch zum Eichbaum entwickelt, dass sie passende Materie aus Boden und Atmosphäre in sich hineinzieht. Die Eichel kann sich nicht zu einer Birke oder einer Zeder entwickeln, sondern nur zu einer Eiche. So muss sich der mentale Keim auch der eigenen Natur gemäß entwickeln und nicht anders.

So betätigt sich das Karma im Bau der Körper, und der Mensch erhält die Ernte des Samens, den er gesät hat. Der Keim, der vom Kausalkörper ausgeworfen wird, kann nur in seiner Weise wachsen, nur jene Art der Materie an sich ziehen, die zu ihm gehört, und diesen Stoff in seine charakteristische Form bringen, so dass er die getreue

Nachbildung der Eigenschaften wieder hervorruft, die der Mensch in der Vergangenheit entwickelt hat.

Sobald er in die Astralwelt kommt, schlagen jene Keime Wurzel, die zu dieser Welt gehören, und sie ziehen die passende Astralmaterie und Elemental-Essenz an sich. So erscheinen die Neigungen, Gefühle und Leidenschaften wieder, die zu dem Begierden- oder Astralkörper des Menschen gehören, der in dieser Weise sich bei seiner Ankunft auf der Astralebene wieder bildet.

Wenn also die Erinnerung an vergangene Leben durch alle diese Prozesse und alle diese Welten hindurch sich erhalten soll, dann muss das Bewusstsein auf der hohen Ebene der Ursachen, der Ebene des Kausalkörpers, in voller Tätigkeit vorhanden sein. Die Menschen erinnern sich ihrer vergangenen Leben nicht, weil sie im Kausalkörper, dem dazu nötigen Werkzeug, noch nicht zum Bewusstsein gekommen sind. Dieser Körper hat seine ihm eigene Tätigkeit noch nicht zum Funktionieren erweckt. Er ist wohl vorhanden als die Essenz ihrer Leben, ihr wirkliches »Ich«, dasjenige, von dem alles ausgeht, aber er funktioniert noch nicht aktiv. Er ist noch nicht selbstbewusst, sondern nur unbewusst tätig, und solange er nicht selbstbewusst ist, völlig selbstbewusst, kann das Gedächtnis nicht von einer Ebene zur anderen übergehen und daher nicht von einem Leben zum anderen. Wenn der Mensch fortschreitet, leuchten Blitze des Bewusstseins auf, die Bruchstücke der Vergangenheit für Augenblicke sichtbar machen, aber diese Blitze müssen sich in ein stetiges Licht verwandeln, ehe eine zusammenhängende Erinnerung entstehen kann.

Man kann fragen: Ist es möglich, die Wiederkehr solcher Blitze zu fördern? Ist es den Menschen möglich, diese allmählich wachsende Tätigkeit des Bewusstseins auf den höheren Ebenen zu beschleunigen? Der niedere Mensch kann durch Anstrengung dem Ziel näherkommen, wenn er Geduld und Mut hat. Er kann versuchen, mehr und mehr in dem dauernden Selbst zu leben sowie Gedanken und Energie, soweit es sein Interesse daran betrifft, von den Trivialitäten und Vergänglichkeiten des gewöhnlichen Lebens abzuziehen. Ich meine damit nicht, dass ein Mensch träumerisch werden, immer in Gedanken umherschweifen und dadurch ein sehr untüchtiges Mitglied der Familie und der Gesellschaft werden soll. Im Gegenteil! Jeder Anspruch, den die Welt an ihn hat, wird erfüllt werden, und sogar vollkommener erfüllt werden, infolge der Größe des Menschen, der dies vollbringt. Er kann die Dinge nicht mehr so ungeschickt und unvollkommen tun, wie der weniger entwickelte Mensch sie vielleicht vollbringt, denn Pflicht ist Pflicht für ihn, und solange irgendjemand oder irgendetwas Ansprüche an ihn hat, muss die Schuld bis zum letzten Heller bezahlt werden.

Jede Pflicht wird von ihm so vollkommen ausgeführt werden, wie er sie auszuführen vermag, mit seinem besten Können, mit seiner größten Aufmerksamkeit. Aber sein Interesse wird nicht an diesen Dingen hängen, seine

Gedanken werden sich nicht auf ihren Erfolg richten. In dem Augenblick, wo die Pflicht erfüllt und er frei davon ist, wird sein Denken zum dauernden Leben zurückeilen, wird sich mit aufstrebender Kraft zu der höheren Sphäre erheben, und er wird dort zu leben anfangen und die Trivialitäten des weltlichen Lebens nach ihrer wahren Wertlosigkeit einschätzen. Wenn er dies stetig tut und sich im hohen und abstrakten Denken zu schulen sucht, dann wird er anfangen, die höheren Kettenglieder im Bewusstsein zu beleben und in diese niedere Sphäre jenes Bewusstsein herabzubringen, das »er selbst« ist.

Der Mensch ist ein und derselbe, auf welcher Ebene er auch funktionieren mag, und sein Triumph ist es, auf allen fünf Ebenen in ununterbrochenem Bewusstsein tätig zu sein. Diejenigen, die wir Meister nennen, die »vollkommen gewordenen Menschen«, funktionieren in ihrem wachen Bewusstsein nicht nur auf den drei niederen Ebenen, sondern auch auf der vierten Ebene – jener Ebene der Einheit, die in der Mandukya-Upanishad als die *Turiya*-Ebene bezeichnet wird, und auf der noch über ihr gelegenen, der Ebene von *Nirvana.* In ihnen ist die Entwicklung vollendet. Dieser Zyklus ist vollständig durchschritten, und was *sie* sind, das sollen *alle* einst werden, die jetzt noch langsam emporklimmen. Dies ist das Einswerden des Bewusstseins. Die Körper bleiben zum Gebrauch erhalten, aber sie können das Bewusstsein nicht mehr einkerkern, und der Mensch benutzt sie je nach der Arbeit, die er zu verrichten hat.

In dieser Weise werden Materie, Raum und Zeit überwunden. Ihre Schranken hören für den erwachten Menschen auf zu existieren. Er hat beim Aufwärtsklimmen empfunden, dass sie ihn auf jeder Stufe weniger und weniger zu hindern vermögen. Schon auf der Astralebene bedeutet die Materie viel weniger eine Trennung als hier unten, und sie scheidet ihn von seinen Brüdern viel weniger wirkungsvoll. Die Fortbewegung im Astralkörper geschieht so rasch, dass Raum und Zeit praktisch überwunden sind. Obgleich der Mensch weiß, dass er durch den Raum eilt, geschieht das Durcheilen doch so geschwind, dass die Macht des Raumes, den Freund vom Freund zu trennen, überwunden ist. Schon diese erste Eroberung macht die physische Entfernung zunichte. Als er zur Mentalwelt aufstieg, fand er noch eine andere Macht, die sein eigen wurde. Er dachte an einen Ort, und er war da, er dachte an seinen Freund, und der Freund war vor ihm. Schon auf der dritten Ebene übersteigt das Bewusstsein die Schranken von Materie, Raum und Zeit, und es ist überall gegenwärtig, wo es sein will. Alle Dinge, die gesehen werden, sieht der so weit Entwickelte gleichzeitig, in demselben Augenblick, in dem er seine Aufmerksamkeit auf sie richtet. Alles, was er hört, vernimmt er als einen einzigen Eindruck. Raum, Zeit und Materie, wie er sie in den Welten kannte, sind verschwunden, ein Nacheinander existiert nicht mehr im ewigen »Jetzt«.

Wenn er noch höher steigt, fallen auch die Schranken innerhalb des Bewusstseins fort, und er erkennt sich als eins mit anderen Bewusstseinsträgern, als eins mit anderen lebenden Wesen. Er kann denken, wie sie denken, fühlen, wie sie fühlen, erkennen, wie sie erkennen. Er kann ihre Beschränkungen für den Augenblick zu den seinigen machen, damit er genau erfassen kann, wie sie denken, und kann dabei doch sein eigenes besonderes Bewusstsein behalten. Er kann seine eigenen größeren Kenntnisse benutzen, um dem engeren und beschränkteren Denken zu helfen, indem er sich mit dem Denkenden identifiziert, um sanft dessen Horizont zu erweitern. Er übernimmt ganz neue Funktionen in der Natur, wenn er nicht mehr von anderen getrennt ist, sondern des Selbstes gewahr ist, welches ein und dasselbe in allen ist und seine Kraftstrahlen herabsendet von der Ebene der Einheit. Selbst in Bezug auf die niederen Tiere kann er fühlen, wie die Welt sich ihnen darstellt, so dass er ihnen genau die Hilfe geben kann, derer sie bedürfen, und die Unterstützung gewähren, nach welcher sie tastend suchen.

Daher hat er seinen Sieg nicht nur für sich erlangt, sondern für alle, und er gewinnt weitere Kräfte, nur um sie in den Dienst aller derer zu stellen, die auf der Leiter der Entwicklung niedriger stehen als er. In dieser Weise wird er in der ganzen Welt selbstbewusst. Dazu lernt er, auf jeden Schmerzensruf zu hören, mit jedem Pulsschlag von Freude oder Leiden mitzuschwingen, auf jeden Ausruf der Freude zu hören. Alles ist erreicht, alles gewonnen. Ein Meister ist jener Mensch, »der nichts mehr zu lernen hat«. Hiermit wollen wir nicht gesagt haben, dass alle möglichen Kenntnisse in jedem gegebenen Augenblick innerhalb seines Bewusstseins vorhanden sind, sondern nur, dass es, soweit es diese Stufe der Entwicklung betrifft, nichts gibt, was ihm verschleiert ist. Nichts, dessen er sich nicht vollständig bewusst wird, wenn er seine Aufmerksamkeit darauf richtet. Innerhalb dieses Kreises der Entwicklung von allem, was da lebt – und alle Dinge leben – gibt es nichts, was er nicht verstehen kann, und daher auch nichts, dem er nicht helfen könnte.

Das ist der höchste Triumph des Menschen. Alles, was ich besprochen habe, würde wert- und bedeutungslos sein, wenn es nur ein Gewinn für das enge, kleine Selbst wäre, das wir hier unten als unser Selbst erkennen. Alle die Schritte, liebe Leser, zu welchen ich sie zu bewegen versucht habe, würden nicht der Mühe lohnen, wenn sie uns zuletzt auf eine einsame Zinne brächten, abseits von all den sündigen, leidenden Wesen, anstatt uns zum Herzen aller Dinge zu führen, wo wir alle eins sind.

Das Bewusstsein des Meisters erstreckt sich in jede Richtung, in die er es sendet. Es wird eins mit jedem Punkt, auf den er es richtet, es weiß alles und jedes, was er wissen will, und alles dies zu dem Zweck, damit er vollkommen helfen kann, dass nichts vorhanden sein möge, was er nicht fühlen, was er nicht fördern, nichts, dem er nicht in seiner Entwicklung beistehen könnte. Für ihn ist die ganze Welt ein sich entwickelndes Ganzes, und seine Stellung in ihr ist die eines Helfers der Entwicklung. Er ist fähig, sich mit jeder Stufe zu identifizieren und auf dieser Stufe die Hilfe zu geben, die nötig ist. Er hilft den Elemental-Reichen, den Mineralien, den Pflanzen, den Tieren und den Menschen, jedem auf seine Weise – und er hilft ihnen allen wie sich selbst. Die Glorie seines Lebens ist es, dass alles er selbst ist. Daher kann er allen helfen, gerade durch die Hilfe erkennend, dass alles, dem er hilft, er selbst ist.

Das Mysterium, wie dies sein kann, enthüllt sich allmählich, wenn der Mensch sich entwickelt und das Bewusstsein sich erweitert, um mehr und mehr zu umfassen, während es doch lebhafter und lebenskräftiger wird, ohne das Wissen von sich selbst zu verlieren.

Wenn der Punkt zur Himmelskugel geworden ist, empfindet die ganze Kugel, der Punkt zu sein. Jeder Punkt enthält alles und weiß sich eins mit jedem anderen Punkt. Das Äußere wird als die bloße Spiegelung des Inneren geschaut. Die Wirklichkeit ist das Eine Leben, und alle Unterschiedlichkeit eine Täuschung, die endgültig überwunden ist.

Charles. W. Leadbeater
Die Mentalwelt
Wie uns Gedanken im Diesseits
und im Jenseits prägen
Pbk., 125 Seiten
ISBN 978-3-89427-482-5

Charles W. Leadbeater war einer der wenigen Geistesforscher, der sein Bewusstsein bis in die höheren Mentalebenen zu erheben vermochte. So war er in der Lage, jene wunderbaren Reiche zu erforschen, die in ihren lichtesten Ebenen als die „Himmelswelt“ bezeichnet werden.
Leadbeater beschreibt nicht nur die Wesen dieser Welt, sondern er schildert in allen Einzelheiten, wie die reinen Gedanken des Menschen während seines Erdenlebens jene Sphären erschaffen, die ihm einst als himmlische Heimat dienen werden.

Die Astralwelt
Das Leben im Jenseits
Pbk., 136 Seiten
ISBN 978-3-89427-461-0

Leadbeater beschreibt nicht nur die Wesen der Astralwelt, sondern erklärt auch die Gesetzmäßigkeiten jener Sphäre, die nur eine „Stufe“ über der Menschenwelt liegt. Dadurch wird beispielweise deutlich, welche Prozesse Verstorbene unmittelbar nach ihrem Tod durchleben; es wird nachvollziehbar, wie Gefühle und Emotionen eine eigene Welt formen; und es wird verständlich, auf welche Weise jenseitige Wesen Kontakt zur Erdenwelt aufzunehmen vermögen, um Botschaften zu vermitteln. Damit wird erkennbar, auf welche Weise der Kontakt zwischen Diesseits und Jenseits funktioniert – oder aufgrund der geistigen Gesetze nicht funktionieren kann.
Der bis zum heutigen Tag noch immer beste „Reiseführer“ durch die jenseitigen Welten! Eines der unsterblichen Meisterwerke des wohl bedeutendsten Hellsehers der Neuzeit!

Annie Besant
Eine Studie über das Bewusstsein
ISBN 978-3-89427-255-5
HC, 304 Seiten

Eines der tiefschürfendsten Werke des modernen esoterischen Schrifttums. Ein Meisterschlüssel zum Verständnis der verschiedenen Aspekte des Bewusstseins. Aufbauend auf hellsichtigen Forschungen, legt Annie Besant dar, wie sich Bewusstsein von der atomaren Ebene bis hinauf zu kosmischen Wesenheiten entfaltet. Sie zeigt auf, wie in allen Lebensprozessen ein geistiges Kraftfeld wirkt und die Evolution von der Stufe der Unbewusstheit zum kosmischen Bewusstsein empor führt. Eine einzigartige Studie über das verborgene Wirken des GEISTES in allem LEBEN!